VEGAN

für Faule

SALT
LONDJI
Coffee
Orange juice
RICE
LONDJI
FLOUR
OF WHEAT
raspberry jam
LONDJI

VEGAN

für Faule

Text: Martin Kintrup
Fotos: Coco Lang

DIE GU-QUALITÄTS-GARANTIE

Wir möchten Ihnen mit den Informationen und Anregungen in diesem Buch das Leben erleichtern und Sie inspirieren, Neues auszuprobieren. Bei jedem unserer Bücher achten wir auf Aktualität und stellen höchste Ansprüche an Inhalt, Optik und Ausstattung. Alle Rezepte und Informationen werden von unseren Autoren gewissenhaft erstellt und von unseren Redakteuren sorgfältig ausgewählt und mehrfach geprüft. Deshalb bieten wir Ihnen eine 100 %ige Qualitätsgarantie.

Darauf können Sie sich verlassen:
Wir legen Wert darauf, dass unsere Kochbücher zuverlässig und inspirierend zugleich sind.
Wir garantieren:
- dreifach getestete Rezepte
- sicheres Gelingen durch Schritt-für-Schritt-Anleitungen und viele nützliche Tipps
- eine authentische Rezept-Fotografie

Wir möchten für Sie immer besser werden:
Sollten wir mit diesem Buch Ihre Erwartungen nicht erfüllen, lassen Sie es uns bitte wissen! Nehmen Sie einfach Kontakt zu unserem Leserservice auf. Sie erhalten von uns kostenlos einen Ratgeber zum gleichen oder ähnlichen Thema. Die Kontaktdaten unseres Leserservice finden Sie am Ende dieses Buches.

GRÄFE UND UNZER VERLAG
Der erste Ratgeberverlag – seit 1722.

BEQUEMMACHER

ECHT VEGAN

FRÜHSTÜCK

HEIMATKÜCHE

MEDITERRANES

ASIATISCHES & ORIENTALISCHES

GRILLEN

DESSERTS & GEBÄCK

FAULE MENÜS

BEQUEM, VEGAN – LECKER!

Die vegane Küche boomt! Gehören auch Sie zu den zahlreichen Neueinsteigern? Dann sind Sie bestimmt überrascht, wie vielseitig und abwechslungsreich sich die rein pflanzliche Küche heute präsentiert. Von wegen »Körnerfresser«: **Kreative Köche** haben mit internationalen Einflüssen unendlich viele bunte, aromatische und **genussreiche Gerichte** entwickelt, die einen echten Trend ausgelöst haben und richtig **Lust auf veganen Lifestyle** machen.

Ein Aspekt der rein pflanzlichen Küche hat sich allerdings noch nicht herumgesprochen: **Sie kann auch faul sein!** Aufwendige Zubereitungen mit exotischen Zutaten sind kein Muss, den Weg in Reformhaus und Bioladen oder Bestellungen im veganen Onlineshop können Sie sich getrost sparen. **Mit Produkten aus Super- und Drogeriemarkt** und etwas Know-how lässt sich ebenso gut **ausgewogen** und **vegan,** aber insbesondere **schnell** und **lecker** kochen.

Vor allem gut sortierte **Drogeriemarktketten mit Bio-Ecke** ergänzen mit ihrem Lebensmittelangebot die klassischen Supermarktartikel perfekt. Hier sind **vegane Lebensmittel wie Tofu, Getreide, Nüsse, Hülsenfrüchte und Mandelmus** (allesamt wichtige Eiweißspender) in großer Auswahl erhältlich – und das meist sogar in **Bio-Qualität.**

Apropos Eiweiß: Wir haben alle Rezepte in diesem Buch so konzipiert, dass **Getreide, Hülsenfrüchte, Nüsse & Co**. extra üppig verwendet werden. So ist eine **ausreichende Eiweißversorgung garantiert.**

Nebenbei bleiben wir den **typischen Attributen der faulen Küche** treu: **Jedes Rezept ist in weniger als 30 Minuten zubereitet!** Endlose Schnibbelei vermeiden wir, indem wir auch mal auf **Gemüse, Früchte und Kräuter aus der Tiefkühltruhe** zurückgreifen.

Sind Sie nun auch neugierig auf die bequeme Seite der veganen Küche?
Dann ran an die Töpfe, fertig, los!

BEQUEMMACHER

BEQUEME LEBENSMITTEL AUS DEM SUPERMARKT …

… sind die beste Basis für eine rein pflanzliche, faule Küche. Ganz besonders beliebt sind die folgenden Produkte …

… aus der Gemüseecke: Für Veganer kann es gar nicht genug Obst und Gemüse geben. Sehr pflegeleicht sind Champignons, Zucchini, Auberginen, Tomaten und Kartoffeln, äußerst bequem sind bereits geputzte kleine Snack-Möhren. Auch Knoblauch, Kräuter, fertiger Blattsalat-Mix und Avocados wandern gerne in den Einkaufskorb.

… aus Glas oder Dose: Hier locken eingelegte Artischockenherzen, Kapern, Oliven, getrocknete Tomaten (in Öl) und Dosentomaten, Essiggurken oder auch Rote Beten. Apfelkompott, Ananaswürfel und Mangostücke sind gern gesehene Fruchtkonserven. Gegarte Kichererbsen, Bohnen und Linsen sowie Senf und Limettensaft machen das Veganerleben ebenfalls leichter.

… aus der Körnerecke: Echt fixe Favoriten sind Instant-Polenta und Instant-Couscous, rote Linsen sowie 5-Minuten-Milchreis und 15-Minuten-Risottoreis.

… aus dem Kühlregal: Fertig ausgerollter Filo- oder Yufkateig und Pizzateig, Sojaprodukte wie Tofu, Räuchertofu, vegane Grillwürstchen, Sojajoghurt, -milch und -sahne sind rasch und ohne großen Aufwand einsatzbereit. Rote Grütze und Kirschgrütze sind fruchtige Highlights.

… aus dem Tiefkühlfach: Absolutes Basic ist das »Zwiebel-Duo« – bereits klein gewürfelte Zwiebeln in Rot-Weiß. TK-Kräuter(mischungen) stehen frischen Kräutern im Aroma kaum nach und können zudem sofort verwendet werden. Suppen- und Kaisergemüse, Blattspinat und Erbsen sind bequem portionierbar, ebenso wie TK-Beerenmischungen oder -Himbeeren.

BEQUEME LEBENSMITTEL AUS DEM DROGERIEMARKT …

… bieten die perfekte Ergänzung zum Supermarktsortiment – vor allem, wenn es ein gut sortierter Drogeriemarkt mit Bio-Ecke ist. Dort lassen sich jede Menge passende Zutaten entdecken, die den veganen Speisezettel bereichern, so etwa …

… Asia-Produkte: Rote und gelbe Currypaste verleihen jedem Gericht im Handumdrehen eine feine Schärfe und fruchtiges Mangochutney eine würzig-süßliche Note. Instant-Wok-Nudeln sind blitzschnell gegart – gleich mit den anderen Zutaten in einem Topf.

… Süßes & Co.: Zu Ahornsirup und Agavendicksaft als flüssige Zuckeralternative greifen, in Bio-Qualität gibt es braunen Rohrohrzucker und vegane Zartbitterschokolade mit mind. 50 % Kakaoanteil.

… Nüsse & Co.: Mit von der Partie sind hier Knackiges wie Nüsse (auch mal geröstet und gesalzen), Mandeln, fertige Nussmischungen, Kürbiskerne und ungeschälte Sesamsamen sowie Kokoschips und Cremiges wie Sesam-, Erdnuss- oder Mandelmus.

… Getreideprodukte: Schnell einsatzbereit sind Frühstücksflocken (z.B. Hirseflocken) und fertige Müslimischungen, knusprige Reis- und Maiswaffeln.

… Fruchtiges: Ob getrocknete Apfelchips, Cranberrys oder Rosinen – sie sind vielfältig verwendbar und gehören unbedingt in die vegane Küche, ebenso Fruchtsäfte wie Sanddorn- oder Holundersaft.

ECHT VEGAN

REIN PFLANZLICHE LEBENSMITTEL ...

... gibt es zahlreiche, aber man erkennt sie leider nicht immer auf den ersten Blick. Informieren Sie sich gegebenenfalls beim Hersteller, Händler oder im Internet, ob das Produkt echt vegan ist. Oft reicht auch schon ein Blick auf die Liste der Inhaltsstoffe, die auf der Packung angegeben sind. Enthält das Produkt Bestandteile tierischer Herkunft, einfach Currypaste, Schokolade & Co. eines anderen Herstellers auswählen.

Gemüsebrühe: Enthält häufig Milchzucker oder produktionsbedingt Spuren von Ei. Wir verzichten komplett darauf und verwenden stattdessen rein pflanzliches Bio-Kräutersalz.

Nudeln: Können Ei enthalten. Italienische Pasta wird meistens nur aus Hartweizen, Wasser und Salz hergestellt und ist somit vegan.

Margarine: Enthält häufig Stoffe tierischen Ursprungs, z.B. Vitamin D aus Wollfett. Wir verzichten darauf fast vollständig und verwenden stattdessen Öl – auch zum Backen.

Obst- und Gemüsesäfte, Essig, Wein: Von Natur aus rein pflanzlich, im Verarbeitungsprozess kann aber z.B. Gelatine zur Schönung verwendet werden. Davon sind natürlich auch Produkte betroffen, in denen die genannten Lebensmittel enthalten sind, etwa in Senf oder in eingelegtem Gemüse. Ob Schönungsmittel verwendet werden, muss allerdings in Deutschland nicht deklariert werden – bitte direkt beim Hersteller nachfragen oder im Internet informieren.

Asiatische Gewürzpasten: Enthalten häufig Garnelenextrakt.

Grillwürstchen: Seitan- und Tofuwürstchen sind rein pflanzlich, sie werden explizit für Veganer produziert. Quornwürstchen – Quorn ist eine eiweißreiche Masse, die aus fermentierten Pilzen hergestellt wird – enthalten dagegen manchmal Milcheiweiß.

Raffinierter Zucker: Bei der Herstellung darf Tierkohle eingesetzt werden, in Deutschland ist diese Praxis allerdings nicht mehr verbreitet. Wer trotzdem auf Nummer sicher gehen will, kann auf braunen Rohrohrzucker zurückgreifen oder – wie wir – flüssige Zuckeralternativen wie Ahornsirup oder Agavendicksaft verwenden.

Schokolade: Viele Sorten enthalten Milchbestandteile. Schokoladen ab 50 % Kakaoanteil gibt es auch rein pflanzlich.

Fertiggebäck: Kann tierische Fette, Ei oder Milchbestandteile enthalten.

INFOS:

Je weiter ein Produkt verarbeitet wurde (z. B. Fertiggerichte, Gemüsebrühe, Tütensaucen), umso größer ist die Wahrscheinlichkeit, dass in dem Produktionsprozess tierische Produkte zum Einsatz gekommen sind. Daher möglichst oft auf unverarbeitete Rohware zurückgreifen.
Viele Informationen und News zum Thema »Vegan« erhalten Sie auf der Internetseite der Veganen Gesellschaft Deutschland e. V. www.vegane-gesellschaft.org. Und auch auf www.vegan.de gibt es Tipps, Links und Foren zu veganer Ernährung.

5213TG2
English
Breakfast Tea
3–5 MIN.
Good Morning!

FRÜHSTÜCK

Einfach happy in den Tag

DIE SCHNELLEN 4 FÜRS FRÜHSTÜCK

FRÜHSTÜCKSFLOCKEN & MÜSLIMISCHUNGEN

Wichtige Energie- und Eiweißspender am Morgen | in etlichen Varianten erhältlich | wenig oder nicht gesüßte Sorten machen lange satt | sind leichter verdaulich, wenn sie – wie beim Birchermüsli – vor dem Verzehr eingeweicht werden | richtig knusprig im **gerösteten Asia-Müsli** (Seite 18) | großstadttauglich als **Joghuccino-Müsli** und **Chai-Bircher-to-go** (Seite 20) | herrlich wärmespendend an kalten Tagen im **Hirse-Hafer-Porridge** (Seite 21) | als schnelles Frühstück im **Hafer-Nuss-Shake** (Seite 21) | süßes Knuspermüsli taugt auch als Dessert im **Schoko-Himbeer-Crunch** (Seite 121) | **Tipp:** fein als gesunde Knabberei – Knuspermüsli.

ERDNÜSSE & ERDNUSSMUS

Als Hülsenfrucht die ideale Eiweißergänzung zu Getreideprodukten wie Brot und Müsli | passt daher perfekt ins **geröstete Asia-Müsli** (Seite 18) | unwiderstehlich als süßer Brotaufstrich mit Crunch-Effekt: **Schoko-Erdnuss-Creme** (Seite 26) | ist als Mus süßlich-cremige Basis von **Tomaten-Erdnuss-Suppe** (Seite 87) und **Erdnusssauce** (Seite 108) | können als Nüsse knackige Einlage für **Zitronengras-suppe** (Seite 86) sein | **Tipp:** Erdnussmus anstatt Mandelmus im **Mandel-Schoko-Fondue** (Seite 124) weckt Erinnerungen an einen recht berühmten Schokoriegel – und schmeckt unwiderstehlich!

GETROCKNETE CRANBERRYS

Verwandte von Heidel- und Preiselbeeren | erfreuen sich seit einigen Jahren auch hierzulande wachsender Beliebtheit | besonders gefragt: die zart gesüßten, getrockneten Beeren (auch so haben sie ein leicht herbes Aroma) | sind echte Energiebomben | eine fruchtige Ergänzung für ein **geröstetes Asia-Müsli** (Seite 18) oder **Hirse-Hafer-Porridge** (Seite 21) | verleihen dem **Hafer-Nuss-Shake** (Seite 21) zusammen mit Bananen ein feines süßsäuerliches Aroma | glänzen ebenfalls in herzhaften Gerichten als fruchtiges Highlight wie im **Pilzgemüse** (Seite 72), im **warmen Möhrensalat** (Seite 84) und im **Linsendal mit Tofu** (Seite 93) | gibt dem **Apfel-Marzipan-Strudel** (Seite 128) den letzten Kick | **Tipp:** Cranberrys sind zusammen mit Mandeln ein ideales Brainfood bei der Arbeit.

SOJAMILCH

Pflanzliche »Milch« mit leicht süßlichem Geschmack | im Handel als »Sojadrink« erhältlich | etwa gleicher Eiweißgehalt wie Kuhmilch | häufig wird Calcium zugesetzt, da der natürliche Gehalt gering ist | kann durch Reis-, Hafer- oder Mandelmilch ersetzt werden (Ausnahme: bei Teigzubereitungen) | perfekt zum Servieren von **Müslivariationen** (Seite 18 – 21) | super zum Anrühren der Teige von **Mandel-Pancakes** (Seite 28) und **Kräuterpfannkuchen** (Seite 54) | auch **Grießschnitten** (Seite 42), **Polenta** (Seite 72) und **Grießbrei** (Seite 118) werden damit zubereitet | **Tipp:** Kann erwärmt einfach mit einem Pürierstab aufgeschäumt werden. Ergibt einen tollen Schaum für Soja-Latte-macchiato und Cappuccino. Dafür die Sojamilch unbedingt noch leicht salzen und süßen, sonst schmeckt der Schaum nicht.

GREEN-POWER-SMOOTHIE

Vitaminreicher Muntermacher

FÜR 2 PERSONEN

70 g Feldsalat
3 Stängel Basilikum
1 haselnussgroßes Stück Ingwer (ca. 10 g)
1 Banane
1 Kiwi
300 ml Orangensaft
½ EL Zitronensaft
1 EL Öl
Salz

ZUBEREITUNGSZEIT: 10 MIN.
PRO PERSON: 195 KAL.

1 Den Feldsalat verlesen, putzen, waschen und trocken schleudern. Basilikumblätter von den Stängeln zupfen. Den Ingwer schälen und sehr fein würfeln. Die Banane und die Kiwi schälen und klein schneiden.

2 Alle vorbereiteten Zutaten mit Orangensaft, Zitronensaft, Öl und wenig Salz mischen. In einem Standmixer oder im Mixbecher mit dem Pürierstab fein pürieren.

3 Den Smoothie in zwei Gläser verteilen und sofort servieren.

AUCH GUT:

1–2 Stängel Minze anstatt des Basilikums verleihen dem Smoothie eine mentholige Frische. Den Feldsalat kann man auch mal durch 1 Handvoll Baby-Blattspinat ersetzen.

GERÖSTETES ASIA-MÜSLI

Extraknuspriger Start in den Tag

FÜR 8 PORTIONEN

50 ml Ahornsirup oder Agavendicksaft
2 EL Öl
1 TL Ingwerpulver
320 g Müslimischung (ohne Früchte, z. B. 5-Korn-Müsli)
100 g gesalzene, geröstete Erdnüsse
100 g Kokoschips

ZUBEREITUNGSZEIT: 10 MIN.
+ 25 MIN. BACKEN
+ 20 MIN. AUSKÜHLEN
PRO PERSON: 335 KAL.

1 Den Backofen auf 150° vorheizen. Eine ofenfeste Pfanne auf dem Herd erhitzen. Ahornsirup oder Agavendicksaft und Öl hineingeben und aufwallen lassen. Das Ingwerpulver unterrühren.

2 Müslimischung, Erdnüsse und Kokoschips mit in die Pfanne geben und alles unter Rühren ca. 5 Min. anrösten. Dann die Pfanne in den Ofen stellen (Mitte) und das Müsli darin 25 Min. weiterrösten, dabei hin und wieder umrühren.

3 Die Pfanne aus dem Ofen nehmen, das Müsli darin auskühlen lassen.

4 Das ausgekühlte Müsli in ein Twist-off-Glas oder eine Plastikbox füllen, gut verschließen und bis zur Verwendung an einem dunklen, kühlen Ort aufbewahren. Haltbarkeit: mind. 1 Monat. Mit Sojajoghurt oder Sojamilch servieren.

AUCH GUT:

Für eine fruchtige Ergänzung noch 100 g getrocknete Cranberrys zum fertig gerösteten, ausgekühlten Müsli geben.

MÜSLI

4 X SCHNELLER FLOCKENMIX ...

JOGHUCCINO-MÜSLI

Für 2 Personen

60 ml **Sojamilch** lauwarm erhitzen und darin 4 TL **Instant-Kaffee** auflösen. Mit 300 g **Sojajoghurt,** 2 Pck. **Bourbon-Vanillezucker,** 2 EL **Mandelmus** und 2 EL **Ahornsirup** oder **Agavendicksaft** (nach Belieben auch etwas mehr) verrühren. Kaffee-Joghurt mit 100 g **Müslimischung** (z. B. geröstetes Asia-Müsli, Seite 18) verrühren und in zwei Schälchen verteilen. 300 ml **Sojamilch** lauwarm erhitzen, 1 EL **Zucker** und 1 Prise **Salz** dazugeben. Milch mit dem Pürierstab schaumig aufschlagen und kurz stehen lassen. Den Milchschaum über das Joghuccino-Müsli schöpfen, mit ein wenig **Kakaopulver** bestäuben. Sofort servieren.

CHAI-BIRCHER-TO-GO

Für 2 Personen

Am Vorabend 200 ml **Sojamilch** erhitzen und 1 Teebeutel **Chai** 10 Min. darin ziehen lassen. Teebeutel herausnehmen und etwas ausdrücken. Die Chai-Milch mit 300 g **(Vanille-)Sojajoghurt** und 60 g **Müslimischung** (z. B. 5-Korn-Müsli) gut verrühren. Zugedeckt über Nacht im Kühlschrank durchziehen lassen. Am nächsten Tag 80 g **Beeren** (z. B. Himbeeren, Brombeeren, Heidelbeeren) falls nötig waschen und abtropfen lassen. 2 Riegel vegane **Zartbitterschokolade** (ca. 30 g) grob hacken. Das Chai-Bircher mit etwas **Zimtpulver** und **Ahornsirup** oder **Agavendicksaft** abschmecken. Müsli in zwei Schälchen verteilen (oder eventuell für den Transport in verschließbare Gefäße füllen), Beeren und Schokolade daraufgeben. Sofort genießen (oder verschließen und mitnehmen).

..., der genug Power für einen anstrengenden Tag gibt, dabei unglaublich lecker schmeckt und zudem leicht bekömmlich ist.

HIRSE-HAFER-PORRIDGE

Für 2 Personen

400 ml **Sojamilch** und 200 ml **Wasser** mit 40 g zarten **Haferflocken,** 30 g **Hirseflocken**, 1 Prise **Salz** und 1 Pck. **Bourbon-Vanillezucker** aufkochen. Alles unter Rühren bei geringer bis mittlerer Hitze in ca. 5 Min. cremig einkochen lassen. Mit etwas **Ahornsirup** oder **Agavendicksaft** abschmecken. 150 g frische Früchte (z. B. Weintrauben, Bananen, Äpfel, Beeren) waschen, putzen und klein schneiden. Porridge in zwei Schälchen oder tiefe Teller verteilen und mit wenig Ahornsirup oder Agavendicksaft beträufeln. Mit den Früchten und 60 g **Nüssen** (z. B. Pecannüsse, Haselnüsse, Macadamianüsse, Erdnüsse) bestreuen. Noch warm servieren.

AUCH GUT:

Statt der frischen Früchte getrocknete Cranberrys oder aufgetaute TK-Beeren nehmen.

HAFER-NUSS-SHAKE

Für 2 Personen

2 **Bananen** schälen und klein schneiden. Mit 300 g **(Vanille-)Sojajoghurt,** 200 ml **Mangosaft,** 40 g zarten **Haferflocken,** 40 g gehackten **Haselnüssen** und 40 g getrockneten **Cranberrys** in eine hohe Rührschüssel geben und mit dem Pürierstab möglichst fein pürieren. Mit 2 – 3 TL **Zitronensaft** abschmecken und kurz noch etwas ziehen lassen, dann in zwei Gläser füllen und servieren.

AUCH GUT:

Für ein leichtes Röstaroma die Haselnüsse vor dem Pürieren erst noch in einer Pfanne ohne Fett hellbraun anrösten.

NO-KNEAD-BREAD

Feinstes Frühstücksbrot für faule Bäcker

FÜR 1 KASTENFORM (30 X 11 CM, 16 SCHEIBEN)

80 g Kürbiskerne
500 g Dinkelmehl (Type 630)
½ TL Trockenhefe
50 g geschrotete Leinsamen
50 g Müslimischung (z. B. 5-Korn-Müsli)
1 ½ TL Salz
1 EL Ahornsirup oder Agavendicksaft
4 EL Sojajoghurt
Fett und Semmelbrösel für die Form
Mehl zum Arbeiten

ZUBEREITUNGSZEIT: 15 MIN.
\+ 18 STD. GEHEN
\+ 50 MIN. BACKEN
PRO SCHEIBE: 160 KAL.

1 In einer Pfanne ca. 50 g Kürbiskerne ohne Fett anrösten, bis sie zu knacken beginnen und leicht gebräunt sind. Mit Dinkelmehl, Trockenhefe, Leinsamen, Müslimischung und Salz in einer Rührschüssel vermischen.

2 Ahornsirup oder Agavendicksaft, 2 EL Sojajoghurt und 400 ml lauwarmes Wasser dazugeben und alles mit einem Holzkochlöffel verrühren. Den Teig zugedeckt bei Zimmertemperatur ca. 17 Std. gehen lassen.

3 Dann eine Kastenform einfetten und dünn mit Semmelbröseln ausstreuen. Den Teig mit etwas Mehl bestäuben, vom Rand der Schüssel lösen und mehrfach von der Seite her übereinanderschlagen. Den Teig in die Form geben und noch einmal ca. 1 Std. gehen lassen.

4 Dann den Backofen auf 200° vorheizen, auf den Ofenboden eine kleine Schüssel mit Wasser stellen. Den Teig mit dem restlichen Joghurt bestreichen und mit den übrigen Kürbiskernen bestreuen. Im Ofen (Mitte) ca. 50 Min. backen, bis das Brot eine schöne Kruste bekommen hat.

5 Das fertige Brot aus dem Ofen nehmen und ca. 10 Min. ruhen lassen. Dann vorsichtig aus der Form stürzen und auf einem Kuchengitter auskühlen lassen.

4 x SCHNELLE BROTAUFSTRICHE …

LINSENTOMATEN

Für 1 Glas (ca. 350 ml)

1 Dose **Linsen** (265 g Abtropfgewicht) in ein Sieb abgießen, abbrausen und abtropfen lassen. 100 g getrocknete **Tomaten** (in Öl) ebenfalls abtropfen lassen. 1 **Knoblauchzehe** schälen und grob würfeln. Alles mit 1 EL **Tomatenmark,** 1 TL getrocknetem **Rosmarin,** 1 TL gemahlenem **Koriander,** 1 EL **Aceto balsamico,** 2 EL aromatischem **Öl** (z. B. Walnussöl), 1 TL **Kräutersalz** und 1 Prise **Zucker** mischen. In einem Standmixer oder im Mixbecher mit dem Pürierstab fein pürieren. Mit **Kräutersalz, Pfeffer** und nach Belieben etwas **Cayennepfeffer** abschmecken. Haltbarkeit: mind. 1 Woche.

KÜRBIS-BABA-GANOUSH

Für 1 Glas (ca. 350 ml)

Den Backofen auf 180° vorheizen. 1 **Aubergine** (ca. 250 g) waschen, längs halbieren, das Fruchtfleisch kreuzweise möglichst tief einscheiden. Die Hälften (Schnittflächen nach oben!) auf ein Blech mit Backpapier geben. 200 g **Hokkaidokürbis** waschen, putzen und aufs Blech legen. Aubergine und Kürbis mit 3 EL **Olivenöl** beträufeln und im Ofen (Mitte) 30 Min. backen, dann noch 15 Min. im ausgeschalteten Ofen ziehen lassen. Auberginenfleisch mit einem Löffel aus den Hälften kratzen, Kürbis grob zerkleinern. 1 **Knoblauchzehe** schälen und grob würfeln. Alles mit 60 g **Sesammus,** 2 EL **Zitronensaft,** 1 TL gemahlenem **Kreuzkümmel** und 1 TL **Kräutersalz** mischen. In einem Standmixer oder im Mixbecher mit dem Pürierstab fein pürieren. Mit **Kräutersalz, Pfeffer** und **Zitronensaft** abschmecken. Haltbarkeit: mind. 1 Woche.

... für alle, die morgens noch keinen süßen Zahn haben und es lieber herzhaft mögen – auch mehrere Tage hintereinander. Dafür die Aufstriche in gründlich gesäuberte Twist-off-Gläser füllen, gut verschließen und im Kühlschrank aufbewahren.

AVOCADO-CASHEW-CREME

1 Glas (ca. 250 ml)

40 g gesalzene, geröstete **Cashewkerne** in einem elektrischen Blitzhacker ganz fein mahlen. 1 – 2 **Knoblauchzehen** schälen, grob würfeln und mit 2 EL **Limettensaft,** 1 TL **Rohrohrzucker,** ½ TL **Ingwerpulver** und 1 TL **Wasabipaste** dazugeben und fein pürieren. 1 kleine vollreife **Avocado** halbieren und den Kern entfernen. Das Fruchtfleisch aus der Schale löffeln, zum Cashewmus geben und alles noch mal pürieren. Creme mit **Salz** und **Limettensaft** abschmecken. Nach Belieben noch 2 **Frühlingszwiebeln** putzen, waschen, fein schneiden und über die Creme streuen. Haltbarkeit: bis 3 Tage.

TIPP:

Beim Einfüllen ins Glas die Creme noch dünn mit Limettensaft beträufeln, damit sie sich nicht braun verfärbt.

HERZHAFTES TATAR

Für 1 Glas (ca. 300 ml)

1 kleine **Zwiebel** schälen und grob würfeln. 40 g **Mais-** oder **Reiswaffeln** grob zerbröseln. Beides mit 2 TL **Kapern,** 3 **Cornichons** samt gut 1 EL **Gurkensud,** 2 TL scharfem **Senf,** 1 EL **Tomatenmark,** 1 TL **Kräutersalz,** 3 EL **Walnussöl** und 1 Prise **Zucker** mischen. In einem Standmixer oder im Mixbecher mit dem Pürierstab grob pürieren. Dann 120 ml **Wasser** dazugeben und alles noch einmal kurz pürieren. Das Tatar mit **Kräutersalz** und **Pfeffer** abschmecken und dann noch gut 2 Std. durchziehen lassen. Haltbarkeit: mind. 1 Woche.

SCHOKO-ERDNUSS-CREME

Schokoladig, cremig, knusprig – unwiderstehlich!

FÜR 1 GLAS (CA. 350 ML, CA. 20 PORTIONEN)

200 g vegane Zartbitterschokolade
(50–70 % Kakaoanteil)
3 EL Erdnussmus
2 Pck. Bourbon-Vanillezucker
1 Prise Salz
125 g Sojasahne
50 g gesalzene, geröstete Erdnüsse

ZUBEREITUNGSZEIT: 10 MIN. + 2 STD. RUHEN
PRO PORTION: 100 KAL.

1 Die Schokolade in grobe Stücke brechen und in einem kleinen Topf bei geringer Hitze sanft schmelzen lassen, dabei ab und zu umrühren. Den Topf vom Herd nehmen.

2 Erdnussmus, Vanillezucker und Salz gleichmäßig unter die flüssige Schokolade mischen. Dann die Sojasahne glatt unterrühren. Die Erdnüsse grob hacken und ebenfalls unterrühren.

3 Die Schoko-Erdnuss-Creme in ein gründlich gesäubertes Twist-off-Glas füllen und gut verschließen. Vor dem Servieren unbedingt noch ca. 2 Std. ruhen lassen. Haltbarkeit: bei Zimmertemperatur mind. 2 Wochen.

AUCH GUT:

Für eine Schoko-Mandel-Creme das Erdnussmus durch Mandelmus ersetzen und anstatt der Erdnüsse einfach gesalzene, geröstete Mandeln nehmen.

MANDEL-PANCAKES

Perfekt für den Brunch am Wochenende

1 Mehl, Backpulver und Salz in einer Rührschüssel mischen. Sojamilch, Mandelmus und 1 EL Ahornsirup oder Agavendicksaft dazugeben und alles zu einem glatten Teig verrühren. Eventuell noch Bittermandelaroma untermischen. Den Teig kurz quellen lassen.

FÜR 2 PERSONEN

100 g Dinkelmehl (Type 630)
1 TL Backpulver
1 Prise Salz
150 ml Sojamilch
1 EL Mandelmus
3 EL Ahornsirup oder Agavendicksaft
ein paar Tropfen Bittermandelaroma (nach Belieben)
125 g TK-Himbeeren
1 TL Speisestärke
4 EL Öl
2 Bananen
30 g Walnusskerne

ZUBEREITUNGSZEIT: 30 MIN.
PRO PERSON: 735 KAL.

2 Inzwischen die gefrorenen Himbeeren mit Stärke und 1 EL Sirup oder Dicksaft in einem Topf erhitzen. Unter Rühren in 1–2 Min. leicht dicklich einkochen lassen. Das Mus vom Herd nehmen und beiseitestellen.

3 In einer Pfanne 2 EL Öl erhitzen. Mit einem Schöpflöffel vier Teigportionen hineinsetzen und bei mittlerer Hitze auf beiden Seiten in jeweils ca. 3 Min. goldbraun backen. Aus dem restlichen Teig in dem übrigen Öl noch mal vier Pancakes backen. Die fertigen Pancakes auf Küchenpapier abtropfen lassen.

4 Die Bananen schälen und in dünne Scheiben schneiden. Auf zwei Tellern die Pancakes übereinanderschichten, dazwischen jeweils Himbeermus und einige Bananenscheiben verteilen. Die Pancake-Türmchen mit übrigem Sirup oder Dicksaft beträufeln. Die Walnüsse in grobe Stücke brechen und darüberstreuen.

AUCH GUT:

Wenn es besonders schnell gehen soll, das Himbeermus durch Kirschgrütze oder Rote Grütze aus dem Kühlregal ersetzen.

TIPP:

Für ein vollwertiges Frühstück 150 g Sojajoghurt um jedes Pancake-Türmchen verteilen und je 40 g Knuspermüsli (z. B. Asia-Müsli, Seite 18) darüberstreuen.

BAYRISCHE TOFUSEMMEL

Richtig herzhaft auch für Katertage

FÜR 2 STÜCK

1 Zwiebel
200 g Räuchertofu
1 EL heller Essig (z. B. Kräuteressig)
1 EL Ahornsirup oder Agavendicksaft
1 TL edelsüßes Paprikapulver
Kräutersalz
1 EL Öl
Pfeffer
1 kleine Tomate
2 Kaisersemmeln (Brötchen)
2 EL süßer Senf
100 g Krautsalat (aus dem Kühlregal)

ZUBEREITUNGSZEIT: 15 MIN.
PRO STÜCK: 445 KAL.

1 Die Zwiebel schälen und klein würfeln. Den Tofu horizontal halbieren, sodass zwei dünne Scheiben entstehen. Essig, Ahornsirup oder Agavendicksaft und Paprikapulver verrühren und mit Kräutersalz kräftig abschmecken.

2 Öl in einer Pfanne erhitzen. Tofuscheiben und Zwiebelwürfel darin kräftig anbraten, bis alles gut gebräunt ist. Die angerührte Würzmischung über den Tofu träufeln und die Scheiben noch kurz weiterbraten. Mit Kräutersalz und Pfeffer kräftig würzen. Die Pfanne vom Herd nehmen.

3 Die Tomate waschen und in dünne Scheiben schneiden, dabei den Stielansatz entfernen. Die Brötchen aufschneiden und auf den Schnittflächen dick mit Senf bestreichen.

4 Die unteren Brötchenhälften zunächst mit den Tomatenscheiben belegen, dann den Krautsalat darauf verteilen. Tofuscheiben darauflegen und die Zwiebeln darauf verteilen. Die oberen Brötchenhälften daraufsetzen und leicht andrücken.

TIPP:
Diese Tofusemmeln schmecken leicht lauwarm besonders gut, man kann sie aber mitnehmen und dann kalt essen. Für den Transport einfach jede Semmel in ein Stück Butterbrotpapier oder Frischhaltefolie einwickeln.

MORGENWRAPS MIT SESAMCREME

Zweites Frühstück für unterwegs

1 Sesammus, Sojajoghurt und 1 EL Zitronensaft verrühren. Knoblauch schälen, dazupressen und unterrühren. Sesamcreme mit Kräutersalz und Pfeffer würzen, nach Belieben noch mit Paprikapulver und Kreuzkümmel abschmecken.

FÜR 2 STÜCK

1 EL Sesammus
2 EL Sojajoghurt
2 EL Zitronensaft
1 Knoblauchzehe
Kräutersalz
Pfeffer
edelsüßes Paprikapulver (nach Belieben)
gemahlener Kreuzkümmel (nach Belieben)
½ kleine Avocado
1 Tomate
1 kleine rote Zwiebel
2 EL Öl
2 vegane Grillwürstchen (ca. 70 g)
2 weiche Weizentortillas (Fertigprodukt)
1 Kästchen Gartenkresse

ZUBEREITUNGSZEIT: 20 MIN.
PRO PERSON: 510 KAL.

2 Die Avocado schälen und klein schneiden. Tomate waschen und ebenfalls klein schneiden, dabei den Stielansatz entfernen. Zwiebel schälen und in feine Streifen schneiden. Alles mit dem restlichen Zitronensaft und 1 EL Öl verrühren. Mit Kräutersalz und Pfeffer würzen.

3 Die Grillwürstchen längs in dünne Scheiben schneiden. Übriges Öl in einer Pfanne erhitzen und die Würstchenscheiben darin bei mittlerer Hitze auf beiden Seiten in je 3 – 4 Min. braun braten, dann herausnehmen. Pfanne säubern.

4 Die Tortillas nacheinander in der Pfanne erwärmen, sodass sie elastisch werden, dann auf die Arbeitsfläche legen. Sesamcreme jeweils als länglichen Streifen in der Mitte der Tortillas verteilen. Würstchenscheiben und die Avocado-Tomaten-Mischung daraufgeben. Die Kresse vom Beet schneiden und darüberstreuen.

5 Jede Tortilla von beiden Seiten her ein wenig über die schmalen Seiten der Füllung klappen. Dann die Tortillas jeweils von einer Längsseite her zu einem Wrap aufrollen.

6 Jeden Wrap zum Mitnehmen in ein großes Stück Butterbrotpapier wickeln und die Enden fest zusammendrehen. Oder die Wraps auf Teller verteilen und gleich essen.

FAMOS

HEIMATKÜCHE

Regional, saisonal ... – rundum genial!

DIE SCHNELLEN 4 FÜR DIE REGIONALE KÜCHE

RÄUCHERTOFU

Klassischer Tofu (Seite 80) wird dafür über Buchenholzrauch geräuchert | erhält so einen sehr herzhaften Geschmack | je nach Hersteller gibt es große Unterschiede in Festigkeit und Aroma | spendiert **Kartoffelsuppe** (Seite 49) und **Gemüseeintopf** (Seite 49) eine Portion deutsche Deftigkeit | verleiht als Topping **Zwiebelkuchen** (Seite 52), **Djuvec-Reistopf** (Seite 76) und **Linsendal** (Seite 93) ordentlich Würze | perfekt fürs Katerfrühstück als herzhafte **bayrische Tofusemmel** (Seite 30) | Tipp: Bei **Woknudeln mit Pflaumensacue** (Seite 96) Tofu durch Räuchertofu ersetzen.

SOJASAHNE

Rein pflanzliche »Sahne« auf Sojabasis | kann analog zu herkömmlicher Sahne verwendet werden | da der Begriff »Sahne« nur bei Milchprodukten verwendet werden darf, steht auf den Verpackungen meistens ein ähnlich klingender Fantasiename | wie immer bei Sojaprodukten möglichst zu Bio-Ware greifen, um Gen-Soja zu vermeiden | macht **Bohnensuppe** (Seite 48), **Kürbis-Sanddorn-Suppe** (Seite 48) und die **Rote-Linsen-Suppe** (Seite 86) sowie **Saucen** (z. B. für buntes Brokkoligemüse, Seite 71) richtig cremig | perfekt als Guss auf **Zwiebelkuchen** (Seite 52) | beim **Mandel-Bananen-Joghurt** (Seite 121) wird sie zu feinem Karamell | **Tipp:** Kann in Suppen und auch Saucen durch Mandelmus (1:1 mit Wasser verdünnt) ersetzt werden.

KARTOFFELN

Enthalten zwar nur 2 % Eiweiß, dieses ist aber sehr hochwertig und für den Körper hervorragend verwertbar | zusätzlich reich an Vitaminen (z. B. Vitamin C) und Mineralstoffen | wertvolles, vielseitig einsetzbares Nahrungsmittel für Veganer | brauchen zwar ein bisschen, bis sie gar sind, aber währenddessen lassen sich super alle anderen Komponenten eines Gerichts vorbereiten | sehr lecker kombiniert als **warmer Kartoffelsalat mit Bohnen** (Seite 44) und **Kartoffel-Linsen-Stampf** (Seite 45) | aus dem Backrohr fein als **zerdrückte Ofenkartoffeln** (Seite 44) oder **Spinat-Kartoffel-Auflauf** (Seite 46) | als **Suppe** (Seite 49) ein Klassiker | als **Patties** vom Grill (Seite 106) ein vielversprechender Neuling | **Tipp:** Werden Kartoffeln bei der Verarbeitung geschält und klein geschnitten, immer große Exemplare kaufen. Das spart Arbeit.

SENF

Klassisches Würzmittel der Heimatküche | in vielen Varianten erhältlich – von süß bis scharf, von fein bis körnig | praktisch, weil nahezu unbegrenzt haltbar | beliebtes »Mitglied« von Salatdressings, etwa bei **Rote-Bete-Carpaccio** (Seite 38), **Spargel-Brot-Salat** (Seite 40), **Linsensalat** (Seite 41) oder **Paprika-Rucola-Salat** (Seite 71) | spendiert **Kartoffelsuppe** (Seite 49) und **Gemüseeintopf** (Seite 49) einen Hauch Schärfe | harmoniert perfekt mit Tomaten auf **Tartelettes aux tomates** (Seite 68) und den **Grilltomaten** (Seite 110) | würzt Brotaufstriche wie ein **herzhaftes Tatar** (Seite 25) und Dips wie **Schnittlauchdip** (Seite 109) | **Tipp:** Scharfer Senf, mit etwas Ahornsirup oder Agavendicksaft verrührt, schmeckt wunderbar als Brotaufstrich unter Tomaten, Gurken, Radieschen und Kresse.

ROTE-BETE-CARPACCIO

Blitzschneller Augenschmaus

FÜR 2 PERSONEN

1 EL Zitronensaft
1 EL Ahornsirup oder Agavendicksaft
1 TL körniger Senf
1 EL Kürbiskernöl
1 Knoblauchzehe
Kräutersalz
1 Glas Rote-Bete-Scheiben (220 g Abtropfgewicht)
125 g kernlose blaue Weintrauben
2 EL Kürbiskerne
1 Kästchen Gartenkresse

ZUBEREITUNGSZEIT: 15 MIN.
PRO PERSON: 205 KAL.

1 Den Zitronensaft mit Ahornsirup oder Agavendicksaft, Senf und dem Kürbiskernöl verrühren. Den Knoblauch schälen und dazupressen. Das Dressing mit Kräutersalz abschmecken.

2 Die Rote-Bete-Scheiben in ein Sieb abgießen, abbrausen und abtropfen lassen. Weintrauben waschen und von den Stielen zupfen. Die Kürbiskerne in einer Pfanne ohne Fett anrösten, bis sie zu knacken beginnen und leicht gebräunt sind.

3 Die Rote-Bete-Scheiben auf zwei Tellern auslegen und die Weintrauben darauf verteilen. Mit dem Dressing beträufeln, Kürbiskerne darüberstreuen. Die Kresse mit einer Schere vom Beet schneiden. Ein wenig Kresse über das Carpaccio streuen, den Rest jeweils in der Mitte des Tellers als kleines Häufchen anrichten.

AUCH GUT:

Ebenso fix ist statt des Rote-Bete-Carpaccios ein Zucchini-Carpaccio auf dem Tisch. Dafür 1 Zucchino (ca. 250 g) waschen, putzen, in hauchdünne Scheiben schneiden und wie oben beschrieben mit den anderen Zutaten auf zwei Tellern anrichten.

4 x SCHNELLE SALATE ...

SPARGEL-BROT-SALAT

Für 2 Personen

2 EL **Aceto balsamico,** 1 TL scharfen **Senf** und 2 TL **Ahornsirup** oder **Agavendicksaft** verrühren. 3 EL **Rapsöl** unterschlagen, mit **Salz** und **Pfeffer** würzen. 1 rote **Zwiebel** schälen und in möglichst dünne Streifen schneiden. 5 **Radieschen** waschen, putzen und in dünne Scheiben schneiden. 250 g **Datteltomaten** waschen und halbieren. 250 g grünen **Spargel** waschen, im unteren Drittel schälen, die Enden abschneiden. Spargel in 4 cm lange Stücke schneiden, in einer Pfanne in 1 EL **Rapsöl** ca. 5 Min. anbraten.
1 TL **Ahornsirup** oder **Agavendicksaft** und ½ EL **Aceto balsamico** untermischen, mit **Salz** und **Pfeffer** würzen, aus der Pfanne nehmen. Pfanne säubern, dann darin 1 cm hoch **Rapsöl** erhitzen. 1 **Baguettebrötchen** quer in dünne Scheiben schneiden und im Öl goldbraun braten. Auf Küchenpapier abtropfen lassen. Alle vorbereiteten Zutaten mischen, Salat servieren.

BUNTER SOMMERSALAT

Für 2 Personen

2 EL **Limettensaft,** 2 TL scharfen **Senf** und 1 EL **Rohrohrzucker** verrühren. 1 **Knoblauchzehe** schälen und dazupressen. 2 EL **Rapsöl** unterschlagen, mit **Salz** und **Pfeffer** würzen. 2 Bund **Kräuter** (z. B. Basilikum, Petersilie, Kerbel und Minze) abbrausen, trocken schütteln und die Blätter abzupfen. 1 rote **Zwiebel** schälen und in dünne Streifen schneiden. Die Kräuter und die Zwiebel mit 50 g schwarzen **Oliven** und 100 – 150 g **Blattsalat-Mix** mischen. 1 **Zucchino** waschen, putzen, längs vierteln und quer in dünne Scheiben schneiden. 100 g **Tofu** grob würfeln. 1 EL **Rapsöl** in einer Pfanne erhitzen, Zucchino und Tofu darin goldbraun braten.
1 EL Dressing zugeben, mit **Salz** und **Pfeffer** würzen. Das übrige Dressing mit dem Salat mischen. Den Salat anrichten, Tofu und Zucchini darauf verteilen und servieren.

..., die genauso einfach zubereitet wie raffiniert kombiniert sind. So ist knackig-frischer Salatgenuss rund ums Jahr garantiert.

HERBSTLICHER LINSENSALAT

Für 2 Personen

1 Dose **Linsen** (265 g Abtropfgewicht) in ein Sieb abgießen, abbrausen und gut abtropfen lassen. 2 EL **Apfelessig** oder **Balsamico bianco,** 1 TL scharfen **Senf** und 1 TL **Rohrohrzucker** verrühren. 2 EL **Rapsöl** unterschlagen, mit **Salz** und **Pfeffer** würzen. Das Dressing mit den Linsen vermischen. 2 **Frühlingszwiebeln** putzen, waschen, in feine Ringe schneiden. 1 säuerlichen **Apfel** (z. B. Boskop) waschen, vierteln, entkernen und würfeln oder in Scheiben schneiden. 2 EL **Kerne** oder **Nüsse** (z. B. Sonnenblumen-, Kürbis- oder Pinienkerne oder Haselnussblättchen) in einer Pfanne ohne Fett goldbraun anrösten. Die Frühlingszwiebeln, Apfel, Kerne oder Nüsse und 50 g **Blattsalat-Mix** mit den Linsen mischen. Den Salat kurz ziehen lassen, dann servieren.

MÖHREN-RADICCHIO-SALAT

Für 2 Personen

1 EL **Zitronensaft,** 2 EL **Orangensaft** und 2 TL **Ahornsirup** oder **Agavendicksaft** verrühren. 2 EL **Walnussöl** unterschlagen, mit **Salz** und **Pfeffer** würzen. 1 große **Möhre** schälen, grob raspeln. 100 g **Radicchioblätter** waschen, trocken tupfen und in feine Streifen schneiden. 1 **Mandarine** schälen, in einzelne Segmente teilen und diese halbieren, dabei Kerne entfernen. 1 **Kiwi** schälen, längs vierteln, quer in Scheiben schneiden. 30 g **Walnusskerne** in grobe Stücke brechen. Alle vorbereiteten Zutaten mischen. Salat kurz ziehen lassen, dann servieren.

AUCH FEIN:

Anstatt Radicchio schmeckt Chicorée oder Rucola sehr fein. Mildere Alternativen sind Spitzkohl oder Chinakohl.

GRIESSSCHNITTEN MIT PILZEN

Herzhafte Vorspeise mit feiner Nussnote

FÜR 2 PERSONEN

300 ml Soja- oder Hafermilch
2 Knoblauchzehen
Kräutersalz
100 g Hartweizengrieß oder Instant-Polenta
30 g gemahlene Haselnüsse
200 g Champignons
50 g getrocknete Tomaten (in Öl)
2 Stängel Petersilie
3–4 EL Öl
1 TL getrockneter Rosmarin
40 g Walnusskerne
Pfeffer

ZUBEREITUNGSZEIT: 30 MIN. + 30 MIN. ABKÜHLEN
PRO PERSON: 725 KAL.

1 Die Milch aufkochen. Den Knoblauch schälen und 1 Zehe zur Milch pressen, mit Kräutersalz würzen. Grieß oder Polenta und die Haselnüsse hinzufügen und den Brei 2–3 Min. bei mittlerer Hitze rühren, bis er stark angedickt ist. Den Brei knapp 2 cm dick auf ein mit Backpapier ausgelegtes Blech streichen und mit angefeuchteten Händen etwas flacher drücken, dann ca. 30 Min. abkühlen lassen.

2 Dann die Pilze putzen und in dicke Scheiben schneiden. Die Tomaten abtropfen lassen und grob würfeln. Die Petersilie abbrausen, trocken schütteln und die Blätter abzupfen.

3 In einer Pfanne 1 EL Öl erhitzen. Darin Pilze mit Rosmarin anbraten. Restlichen Knoblauch dazupressen. Tomaten, Petersilie und Walnüsse dazugeben, kurz mitbraten. Mit Kräutersalz und Pfeffer würzen. Zugedeckt warm halten.

4 Grießplatte in Dreiecke schneiden. Nach und nach übriges Öl in einer zweiten Pfanne erhitzen und die Grießschnitten darin portionsweise in 4–5 Min. von beiden Seiten goldbraun braten. Auf Küchenpapier abtropfen lassen. Die Grießschnitten mit den Pilzen auf Tellern anrichten.

AUCH FEIN:

Die Grießmasse nicht aufs Blech streichen, sondern im Topf abkühlen lassen und dann mit den Händen zu Schupfnudeln rollen. Die Nudeln wie beschrieben goldbraun braten.

4 x SCHNELLE KARTOFFELN ...

WARMER KARTOFFELSALAT MIT BOHNEN

Für 2 Personen

400 g kleine **Kartoffeln** (Drillinge) waschen, in einem Topf knapp mit **Salzwasser** bedecken, aufkochen und bei geringer Hitze zugedeckt in ca. 15 Min. gar kochen. 1 Dose **Kidneybohnen** (125 g Abtropfgewicht) in ein Sieb abgießen, abbrausen und abtropfen lassen. 2 **Frühlingszwiebeln** putzen, waschen und in breite Ringe schneiden. 250 g **Kirschtomaten** waschen und halbieren. Kartoffeln abgießen, kurz ausdampfen lassen und halbieren. 2 EL **Balsamico bianco** und 2 EL scharfen **Senf** verrühren, 1 **Knoblauchzehe** schälen und dazupressen. 3 EL **Walnussöl** unterschlagen, mit **Salz** und **Pfeffer** würzen. Alle vorbereiteten Zutaten mischen. Salat kurz ziehen lassen, dann servieren.

ZERDRÜCKTE OFENKARTOFFELN

Für 2 Personen

500 g junge festkochende **Kartoffeln** waschen, in einem Topf knapp mit **Salzwasser** bedecken, aufkochen und bei geringer Hitze zugedeckt in ca. 20 Min. gar kochen. 2 **Knoblauchzehen** schälen, durchpressen und mit 4 EL **Olivenöl** verrühren. Den Backofen auf 220° vorheizen. Die Kartoffeln abgießen und kurz ausdampfen lassen. Kartoffeln auf einem mit Backpapier ausgelegten Blech verteilen, mit dem Handrücken flach drücken, wenden und noch etwas flacher drücken. Mit dem Knoblauchöl bestreichen. Mit getrocknetem **Rosmarin** und **Thymian** (nach Belieben auch mit frischen, grob gehackten Kräutern) und mit grobem **Meersalz** bestreuen. Im Ofen (Mitte) in ca. 40 Min. goldbraun backen.

... für alle Fans der tollen Knolle. Ob als Salat, Beilage oder Dip – hier machen Kartoffeln immer eine gute Figur.

KARTOFFEL-LINSEN-STAMPF

Für 2 Personen

500 g mehligkochende **Kartoffeln** schälen, klein schneiden und in einem Topf mit 850 ml **Salzwasser** bedecken. Die Kartoffeln zugedeckt bei geringer Hitze in ca. 15 Min. gar kochen, dabei nach 5 Min. 70 g rote **Linsen** dazugeben. 1 säuerlichen **Apfel** (z. B. Boskop) waschen, vierteln, entkernen, in dünne Scheiben schneiden und mit 1 Pck. **TK-Zwiebel-Duo** in 1 EL **Olivenöl** 4 – 5 Min. braten, bis er zart angebräunt ist. 40 g **Nussmischung** grob hacken, dazugeben und kurz mitbraten. Mit **Salz** und **Pfeffer** würzen, warm halten. Kartoffel-Linsen-Mix in ein Sieb abgießen und abtropfen lassen, dann im Topf mit 2 EL **Olivenöl,** 1 TL getrocknetem **Rosmarin** und 2 – 3 EL **Wasser** zerstampfen. Mit **Kräutersalz** und **Zitronensaft** abschmecken. Kartoffel-Linsen-Stampf auf Tellern anrichten und die Apfelmischung darauf verteilen. Dazu passen vegane Bratwürstchen und ein grüner Salat.

BAYRISCHER KARTOFFELKÄS

Für 2 Personen

500 g festkochende **Kartoffeln** waschen, in einem Topf knapp mit **Salzwasser** bedecken, aufkochen und bei geringer Hitze zugedeckt in 20 – 25 Min. gar kochen. Kartoffeln in ein Sieb abgießen, kurz ausdampfen lassen und noch heiß pellen. 1 **Knoblauchzehe** schälen und zu 100 ml **Sojamilch** pressen. 3 EL **TK-Zwiebel-Duo** dazugeben, alles kurz (in der Mikrowelle) erhitzen. Kartoffeln mit einer Gabel zerdrücken. Die Sojamilchmischung, 1 EL **Balsamico bianco** und 3 EL **Walnussöl** dazugeben. Alles gut verrühren und mit **Kräutersalz** und **Pfeffer** würzen, 3 EL **TK-Schnittlauch** unterrühren. Den Käs mit Brot (z. B. No-Knead-Bread, Seite 22) anrichten. Als Vorspeise oder zum Bier servieren.

SPINAT-KARTOFFEL-AUFLAUF

Mit Cashew-Knusperkruste

FÜR 2 PERSONEN

20 g getrocknete Mischpilze
60 g getrocknete Tomaten (in Öl)
2 Knoblauchzehen
400 ml Sojamilch
2 TL Speisestärke
2 EL Öl
1 Pck. TK-Zwiebel-Duo
200 g TK-Blattspinat (nicht zu Blöcken gepresst)
Kräutersalz
Pfeffer
1–2 EL Essig (z. B. Aceto balsamico)
400 g gepellte gekochte Kartoffeln (vom Vortag)
1 Brötchen
50 g gesalzene, geröstete Cashewkerne
2 TL körniger Senf

ZUBEREITUNGSZEIT: 25 MIN + 25 MIN. BACKEN
PRO PERSON: 745 KAL.

1 Den Backofen auf 200° vorheizen. Pilze mit den Fingern fein zerbröseln. Tomaten abtropfen lassen und klein würfeln, Knoblauch schälen. Sojamilch und Speisestärke verrühren.

2 In einer Pfanne 1 EL Öl erhitzen. Darin das Zwiebel-Duo mit den Pilzen anbraten. 1 Knoblauchzehe dazupressen, Sojamilch dazugießen, aufkochen und bei mittlerer Hitze 5 Min. kochen lassen. Gefrorenen Spinat und Tomaten dazugeben, mit Kräutersalz, Pfeffer und Essig würzen.

3 Die Kartoffeln in Scheiben schneiden und in einer Auflaufform (15 × 20 cm) flach verteilen, die Spinatmischung darüberschichten. Im Ofen (Mitte) in 20–25 Min. goldbraun backen.

4 Für die Kruste das Brötchen in kleine Stücke zupfen und im elektrischen Blitzhacker mit den Cashewkernen, Senf, übrigem Öl und restlichem Knoblauch grob zerkleinern. Nach 10 Min. Backzeit über den Auflauf streuen.

TIPP:

Keine Kartoffelreste vom Vortag parat? Dann einfach blitzschnell Kartoffeln in der Mikrowelle garen. So geht's: 400 g kleine Kartoffeln (Drillinge) gut waschen und ungeschält mit 50 ml Wasser in eine Schüssel geben. Zugedeckt auf höchster Stufe 4–5 Min. garen. Anschließend mit Schale wie beschrieben weiterverarbeiten.

4 x SCHNELLE DEFTIGE SUPPEN ...

BOHNENSUPPE MIT GARTENKRÄUTER-PESTO

Für 2 Personen

1 Dose weiße **Bohnen** (250 g Abtropfgewicht) in ein Sieb abgießen, abbrausen und abtropfen lassen. 1 Pck. **TK-Zwiebel-Duo** mit 1 TL **Ahornsirup** oder **Agavendicksaft** in einem Topf in 1 EL **Öl** andünsten. 2 **Knoblauchzehen** schälen, dazupressen und ganz kurz mitdünsten. Mit 50 ml trockenem **Weißwein** ablöschen. Bohnen und 350 ml **Wasser** hinzufügen, aufkochen und zugedeckt bei geringer Hitze 10 Min. köcheln lassen. Für das Pesto 30 g **Pinien-** oder **Kürbiskerne** in einer Pfanne ohne Fett anrösten. Mit 3 EL **TK-Kräutermischung,** 2 EL **Öl** und ½ EL **Zitronensaft** verrühren. Mit **Kräutersalz** und 1 TL **Ahornsirup** oder **Agavendicksaft** würzen. 100 g **Sojasahne** zu den Bohnen geben und alles mit dem Pürierstab fein pürieren, mit **Kräutersalz, Pfeffer** und etwas **Zitronensaft** abschmecken. Suppe in tiefe Teller, Schalen oder Tassen verteilen, mit dem Pesto beträufeln.

KÜRBIS-SANDDORN-SUPPE

Für 2 Personen

600 g **Hokkaidokürbis** waschen, putzen und klein schneiden. 1 walnussgroßes Stück **Ingwer** (ca. 20 g) schälen, ganz fein würfeln und mit 1 Pck. **TK-Zwiebel-Duo** in einem Topf in 1 EL **Öl** andünsten. Den Kürbis dazugeben und kurz mitdünsten. 400 ml **Wasser** dazugießen, mit **Kräutersalz** würzen, aufkochen, zugedeckt bei geringer bis mittlerer Hitze 10 Min. kochen lassen. 50 ml **Sanddornsaft,** 200 g **Sojasahne** und 2 TL **Ahornsirup** oder **Agavendicksaft** dazugeben. Alles mit dem Pürierstab pürieren. Mit **Kräutersalz, Ahornsirup** oder **Agavendicksaft, Sanddornsaft** und **Cayennepfeffer** würzen. Suppe in tiefe Teller oder Schalen verteilen.

AUCH FEIN:

2 EL Kürbiskerne in einer Pfanne ohne Fett anrösten. Ein paar Apfelchips in grobe Stücke brechen. Beides über die Suppe streuen.

..., die Löffel für Löffel den Gaumen verwöhnen. Ob Cremesuppe oder deftiger Eintopf – hier kommt jeder Suppenkaspar auf seine Kosten.

KARTOFFELSUPPE

Für 2 Personen

500 g vorwiegend festkochende **Kartoffeln** schälen und klein würfeln. Mit 400 ml **Wasser** in einen Topf geben, mit **Kräutersalz** würzen, aufkochen und bei geringer Hitze zugedeckt in ca. 15 Min. gar kochen. Nach 5 Min. je 1 Pck. **TK-Zwiebel-Duo** und **TK-Suppengemüse** dazugeben. 100 g vegane **Grillwürstchen** (auch fein: Räuchertofu) in dünne Scheiben schneiden, in 1 EL **Öl** braun braten, dann in die Suppe geben und mitgaren. 1 Scheibe **Toastbrot** grob würfeln und in 1 – 2 EL **Öl** goldbraun braten, auf Küchenpapier kurz abtropfen lassen. 1 TL scharfen **Senf** unter die Suppe rühren, die Kartoffelwürfel ganz leicht anstampfen. Die Suppe mit **Kräutersalz, Pfeffer** und etwas **Apfelessig** abschmecken und in tiefe Teller, Schalen oder Tassen verteilen. Mit den Brotcroûtons bestreuen.

GEMÜSEEINTOPF MIT GRAUPEN

Für 2 Personen

650 ml **Wasser** in einem Topf aufkochen. 2 **Knoblauchzehen** schälen, 1 Zehe ins Wasser pressen. Mit **Salz** und etwas **Balsamico bianco** würzen. 80 g **Graupen** ins Wasser geben und zugedeckt bei geringer Hitze ca. 15 Min. köcheln lassen. 1 Stange **Lauch** putzen, in dünne Ringe schneiden, waschen und abtropfen lassen. 100 g **Mandel-** oder **Räuchertofu** in grobe Würfel schneiden. Beides mit 300 g **TK-Kaisergemüse** zu den Graupen geben, erneut aufkochen und zugedeckt bei geringer bis mittlerer Hitze noch weitere 10 Min. köcheln lassen, dabei nach rund 5 Min. restlichen Knoblauch dazupressen. 1 TL scharfen **Senf** und 3 EL **TK-Schnittlauch** unterrühren. Suppe mit **Kräutersalz, Pfeffer** und etwas **Balsamico bianco** abschmecken, in tiefe Teller, Schalen oder Tassen verteilen.

KRAUTNUDELN

Großmutters Klassiker auf neue Art

FÜR 2 PERSONEN

300 g Spitzkohl
1 Möhre
1 rote Zwiebel
200 g vegane Grillwürstchen
2 EL Öl
1 EL Zucker
1–2 EL Essig (z. B. Apfelessig)
Kräutersalz
½ TL Kümmelsamen (nach Belieben)
400–500 g gekochte Nudeln (vom Vortag, z. B. breite Bandnudeln)
Pfeffer

ZUBEREITUNGSZEIT: 30 MIN.
PRO PERSON: 730 KAL.

1 Spitzkohl putzen, waschen und in dünne Streifen schneiden. Die Möhre schälen und in feine Scheiben schneiden. Die Zwiebel schälen und klein würfeln. Die Würstchen in dünne Scheiben schneiden.

2 Das Öl in einer großen Pfanne erhitzen. Darin den Spitzkohl, die Möhre, die Zwiebel und die Würstchenscheiben bei mittlerer Hitze ca. 8 Min. anbraten, dabei gelegentlich umrühren.

3 Den Zucker über die Zutaten in der Pfanne streuen, unter Rühren karamellisieren lassen. Mit 1 EL Essig und 50 ml Wasser ablöschen, mit Kräutersalz und eventuell Kümmel würzen. Alles noch 5 Min. weiterbraten, dann die Nudeln dazugeben. Noch mal 50 ml Wasser hinzufügen und die Krautnudeln weitere 3–4 Min. dünsten.

4 Die Krautnudeln mit Kräutersalz, Pfeffer und eventuell noch etwas Essig abschmecken. Auf Teller verteilen und servieren.

AUCH GUT:

Anstatt der roten Zwiebel 1 kleine Stange Lauch putzen, in Ringe schneiden, waschen, abtropfen lassen und mit dem restlichen Gemüse in der Pfanne garen.

ZWIEBELKUCHEN MIT WEINTRAUBEN

Perfekt für gemütliche Herbstabende

FÜR 4 PERSONEN

2 Gemüsezwiebeln (ca. 900 g)
200 g Räuchertofu
3 EL Öl
400 g Sojasahne
2 EL Mangochutney
1 EL scharfer Senf
1 ½ EL Speisestärke
2 Knoblauchzehen
Kräutersalz
Pfeffer
100 g kernlose blaue Weintrauben
2 EL Essig (z. B. Balsamico bianco)
1 Pck. Pizzateig (400 g; aus dem Kühlregal)
1 Bund Schnittlauch (nach Belieben)

ZUBEREITUNGSZEIT: 25 MIN.
+ 50 MIN. BACKEN
PRO PERSON: 680 KAL.

1 Den Backofen auf 220° vorheizen. Zwiebeln schälen und fein würfeln. Tofu ebenfalls klein würfeln. Öl in einer großen Pfanne erhitzen und die Tofuwürfel darin anbraten, bis sie leicht gebräunt sind. Die Zwiebeln dazugeben und alles 6 – 8 Min. bei mittlerer Hitze weiterbraten, dabei hin und wieder umrühren.

2 Inzwischen Sojasahne, Mangochutney, Senf und Stärke verrühren. Den Knoblauch schälen und dazupressen. Den Guss mit Kräutersalz und Pfeffer würzen. Weintrauben waschen und von den Stielen zupfen.

3 Tofu-Zwiebel-Mischung mit Essig ablöschen, mit Kräutersalz und Pfeffer würzen und mit den Trauben zum Guss geben, alles gut vermengen.

4 Teig auf der Arbeitsfläche ausbreiten und quer halbieren. Jedes Teigstück auf einen Bogen Backpapier legen, mit den Händen ein wenig auseinanderziehen und den Belag darauf verteilen. Einen Zwiebelkuchen samt dem Backpapier vorsichtig auf ein Backblech ziehen. Im Ofen (Mitte) in 20 – 25 Min. goldbraun backen.

5 Nach Belieben den Schnittlauch abbrausen, trocken schütteln und in Röllchen schneiden. Fertigen Zwiebelkuchen aus dem Ofen nehmen und vierteln. Auf Teller verteilen, eventuell mit Schnittlauch bestreuen und servieren. Währenddessen den zweiten Zwiebelkuchen backen.

KRÄUTERPFANNKUCHEN MIT PILZEN

Mit mediterraner Note

1 Mehl und Sojamilch in einer Rührschüssel mit dem Schneebesen glatt verrühren. Knoblauch schälen, 1 Zehe dazupressen. 2 EL Kräuter, 1 TL Senf, ½ TL Salz und Mineralwasser unterrühren. Den Teig 10 Min. quellen lassen.

FÜR 2 PERSONEN

80 g Weizenmehl (Type 405) **oder**
Dinkelmehl (Type 630)
100 ml Sojamilch
2 Knoblauchzehen
3 EL italienische TK-Kräuter
2 TL scharfer Senf
Salz
50 ml Mineralwasser (mit Kohlensäure)
250 g Champignons (braun oder weiß)
2–3 EL Öl
1 Pck. TK-Zwiebel-Duo
1 TL Speisestärke
2 EL Mandelmus
3 Frühlingszwiebeln
Pfeffer
1–2 EL Aceto balsamico

ZUBEREITUNGSZEIT: 15 MIN.
PRO PERSON: 490 KAL.

2 Inzwischen die Champignons putzen und in dicke Scheiben schneiden. In einer Pfanne 1 EL Öl erhitzen. Darin die Pilze und das Zwiebel-Duo bei mittlerer Hitze ca. 4 Min. anbraten. Übrigen Knoblauch dazupressen und kurz mitbraten.

3 Stärke mit 150 ml kaltem Wasser verrühren und mit Salz würzen. Mit den restlichen Kräutern und dem übrigen Senf sowie Mandelmus zu den Pilzen geben, aufkochen und in knapp 1 Min. dicklich einkochen lassen.

4 Die Frühlingszwiebeln putzen, waschen, in dünne Ringe schneiden und unter die Pilze mischen. Mit Salz, Pfeffer und Essig würzen. Die Rahmpilze zugedeckt warm halten.

5 In einer großen Pfanne wenig Öl erhitzen. Die Hälfte des Teiges hineingeben und durch Schwenken der Pfanne gleichmäßig darin verteilen. Pfannkuchen bei mittlerer Hitze backen, bis die Unterseite leicht gebräunt ist. Dann vorsichtig wenden und fertig backen. Aus dem restlichen Teig einen zweiten Pfannkuchen backen.

6 Jeden Pfannkuchen mit Rahmpilzen füllen, zusammenklappen und servieren. Dazu passt ein knackiger Feldsalat sehr gut.

iglo-Verbraucherservice
01802-4456 4636

RESTAURANTE Y CONFITERIA
Av. QUINTANA 596 - TEL. 4804-4135

MEDITERRANES

Kreuz und quer durchs Mittelmeer

DIE SCHNELLEN 4 FÜR DIE MEDITERRANE KÜCHE

TK-KRÄUTER

Haben getrockneten Kräutern ein wenig den Rang abgelaufen | sehr aromatisch, schmecken fast wie frisch | portionsweise entnehmbar | nicht alle der gängigen Kräuter (z. B. Koriandergrün) sind als TK-Version erhältlich | italienische Kräuter beflügeln **Tartelettes aux tomates** (Seite 68), **buntes Brokkoligemüse** (Seite 71), **Polenta** (Seite 72) und **Steinpilzrisotto** (Seite 74) | Petersilie sorgt für einen Farbklecks bei **Sesam-Süßkartoffeln** (Seite 67) und dem **Djuvec-Reistopf** (Seite 76) | Schnittlauch verleiht Dips frische Würze, etwa **bayrischem Kartoffelkäs** (Seite 45) und dem **Schnittlauchdip** (Seite 109) | **Tipp:** Anstatt der Kresse etwas TK-Dill über das **Rote-Bete-Carpaccio** (Seite 38) streuen.

TK-ZWIEBEL-DUO

Faule Mischung aus fein gewürfelten roten und weißen Zwiebeln | von verschiedenen Herstellern und auch in Bio-Qualität zu bekommen | keine tränenden Augen und »Zwiebelfinger« mehr | portionsweise entnehmbar und lange haltbar | extraschnelle Geschmacksbasis für Saucen wie bei der **Kichererbsen-Arrabiata** (Seite 70) sowie bei dem **Steinpilzrisotto** (Seite 74) und **Djuvec-Reistopf** (Seite 76) | auch perfekt für **schnelle Kartoffelzubereitungen** (Seite 44/45) und Suppen (Seite 48/49) | **Tipp:** Für Salate lieber frische Zwiebeln verwenden!

GETROCKNETE TOMATEN & TOMATENKONSERVEN

Sind blassen Tomaten aus dem Gewächshaus geschmacklich überlegen | enthalten wie die frischen Früchte das wertvolle Antioxidans Lycopin | getrocknete Tomaten haben einen kräftig-würzigen, lakritzartigen Geschmack | Dosentomaten und Tomatenmark schmecken eher süßlich | ganzjährig verfügbar, lange haltbar und in der mediterranen und orientalischen Küche eigentlich unverzichtbar | getrocknete Tomaten peppen **Auberginenröllchen** (Seite 66) und **Paprika-Rucola-Salat** (Seite 71) auf | stückige Tomaten aus der Dose sind die Basis für **Kichererbsen-Arrabiata** (Seite 70), **Djuvec-Reistopf** (Seite 76) und **Kichererbsen-Masala** (Seite 93) | Tomatenmark gibt **herzhaftem Tatar** (Seite 25) seine rote Farbe und ist eine feine Grundlage für **Mango-Barbecue-Sauce** (Seite 108) | **Tipp: Tofusticks** (Seite 67) mal mit getrockneten Tomaten servieren.

SESAMMUS & SESAMSAMEN

Sind in der mediterranen, orientalischen und asiatischen Küche gern gesehene Gäste | das Mus heißt auch Tahin und hat einen herben Geschmack, der mit Säure (z. B. Zitronensaft) abgemildert werden kann | die Sesamsamen spielen eine Hauptrolle bei **Sesam-Süßkartoffeln** (Seite 67) und spenden **Süßkartoffel-Paprika-Gemüse** (Seite 88) Aroma und Biss | Brote wie **No-Knead-Ciabatta** (Seite 62) können vorm Backen mit Sojajoghurt bestrichen und mit den Samen bestreut werden | Sesammus würzt **Kürbis-Baba-Ganoush** (Seite 24) und Sesamcreme für **Morgenwraps** (Seite 32).

HIMBEER-GAZPACHO-SHOTS

Fruchtig-scharfer Genuss ohne Kühlzeit

FÜR 2 PERSONEN

1 Stück Salatgurke (ca. 100 g)
1 große Strauchtomate
1 kleine Knoblauchzehe
1 Frühlingszwiebel
1 getrocknete Chilischote
50 g TK-Himbeeren
1 EL Balsamico bianco
1 EL Olivenöl
1–2 TL Ahornsirup oder Agavendicksaft
Kräutersalz
Pfeffer

ZUBEREITUNGSZEIT: 10 MIN.
PRO PERSON: 45 KAL.

1 Die Gurke schälen und grob würfeln. Die Tomate waschen, ebenfalls grob würfeln und dabei den Stielansatz entfernen. Den Knoblauch schälen. Die Frühlingszwiebel putzen, waschen und klein schneiden.

2 Alle vorbereiteten Zutaten mit Chilischote und den gefrorenen Himbeeren in einen Mixbecher geben. Essig, Olivenöl und 1 TL Ahornsirup oder Agavendicksaft dazugeben. Alles mit Kräutersalz und Pfeffer würzen, dann mit einem Pürierstab fein pürieren.

3 Die Suppe mit Kräutersalz, Pfeffer und Ahornsirup oder Agavendicksaft abschmecken. Die Gazpacho auf Gläser verteilen, sofort servieren.

AUCH FEIN:

Grapefruit-Gazpacho! Dafür die Himbeeren durch 50 ml Grapefruitsaft ersetzen und die Suppe nach dem Pürieren noch 15 Min. ins Tiefkühlfach stellen.

NO-KNEAD-CIABATTA

Perfekter Begleiter von Antipasti und Salaten

FÜR 1 BROT (CA. 12 SCHEIBEN)

400 g Mehl (Type 550)
1 TL Salz
2 EL Olivenöl
1 TL Trockenhefe
1 TL Ahornsirup oder Agavendicksaft
Mehl zum Arbeiten

ZUBEREITUNGSZEIT: 10 MIN.
+ 18 STD. GEHEN
+ 30 MIN. BACKEN
+ 10 MIN. ABKÜHLEN
PRO SCHEIBE: 130 KAL.

1 Am Vortag Mehl und Salz in einer Schüssel mischen, 1 EL Olivenöl dazugeben. ¼ l Wasser mit Hefe und Ahornsirup oder Agavendicksaft verrühren, zum Mehl gießen und alles mit einem Holzlöffel zu einem Teig verrühren. Zugedeckt bei Zimmertemperatur ca. 16 Std. gehen lassen.

2 Am nächsten Tag ein Backblech mit Mehl bestäuben. Teig mit etwas Mehl bestreuen, vom Rand der Schüssel lösen und mehrfach von der Seite her übereinanderschlagen. Dann den Teig auf dem Blech zu einem länglichen Brot formen, mit dem restlichen Olivenöl bestreichen und zugedeckt noch einmal 2 Std. gehen lassen.

3 Dann Backofen auf 220° vorheizen, auf den Ofenboden eine Schüssel mit Wasser stellen. Das Brot mit wenig Mehl bestreuen und im Ofen (Mitte) 25 – 30 Min. backen, bis es eine schöne goldbraune, knusprige Kruste bekommen hat und beim Daraufklopfen hohl klingt.

4 Das fertige Brot aus dem Ofen nehmen und ca. 10 Min. abkühlen lassen. Dann das Ciabatta in dicke Scheiben schneiden und servieren.

AUCH FEIN:

Für eine nussige Ergänzung noch 50 g grob gehackte Walnüsse unter den Teig rühren.

AVOCADO-BOHNEN-SALAT

Sommerlicher Sattmacher

FÜR 2 PERSONEN

1 Glas Artischockenherzen
(165 g Abtropfgewicht)
1 Glas weiße Bohnenkerne
(255 g Abtropfgewicht)
125 g Datteltomaten
1 rote Zwiebel
1 Bund Petersilie
1 kleine Avocado
2 EL Balsamico bianco
½ EL Ahornsirup oder Agavendicksaft
1 Knoblauchzehe
2 EL Olivenöl
Salz
Pfeffer

ZUBEREITUNGSZEIT: 15 MIN.
+ 10 MIN. MARINIEREN
PRO PERSON: 470 KAL.

1 Die Artischockenherzen und die Bohnen nacheinander in ein Sieb gießen, abbrausen und abtropfen lassen. Artischockenherzen je nach Größe ganz lassen oder halbieren.

2 Die Tomaten waschen und halbieren. Zwiebel schälen und in dünne Streifen schneiden. Petersilie abbrausen und trocken schütteln, Blätter abzupfen und nach Belieben ganz lassen oder grob hacken. Avocado halbieren, Kern entfernen. Die Hälften schälen und grob würfeln. Alle vorbereiteten Zutaten in einer Schüssel mischen.

3 Essig und Ahornsirup oder Agavendicksaft verrühren. Knoblauch schälen und dazupressen, das Olivenöl unterschlagen. Das Dressing mit Salz und Pfeffer würzen, mit den Salatzutaten mischen. Den Salat 5 – 10 Min. ziehen lassen, dann abschmecken und servieren. Dazu passt No-Knead-Ciabatta (Seite 62) sehr gut.

TIPP:
Der Avocado-Bohnen-Salat ist eine richtige Mahlzeit zum Sattessen, vor allem mit dem Ciabatta. Reicht man ihn als Vorspeise, reicht die Menge für 4 Personen.

4 x SCHNELLE KLEINIGKEITEN ...

MELONENCROSTINI

Für 2 Personen

350 – 400 g **Cantaloup-** oder **Galiamelone** entkernen, schälen, grob würfeln. 50 g schwarze **Oliven** (ohne Stein) in dünne Ringe schneiden. 1 Bund **Minze** abbrausen und trocken schütteln, Blätter abzupfen und etwas kleiner zupfen. Alles in einer Schüssel mischen. 1 **Knoblauchzehe** schälen und dazupressen, 1 getrocknete **Chilischote** dazubröseln. 1 EL **Balsamico bianco** und 1 EL **Öl** dazugeben, mit **Salz** und **Pfeffer** würzen und alles kräftig durchrühren. 150 g **Tofu** klein würfeln. 2 EL **Öl** in einer Pfanne erhitzen, Tofu darin in 6 – 8 Min. braun braten, mit **Salz** würzen und dann unter die Melonenmischung mengen. 2 dicke Scheiben **Kastenweißbrot** toasten, diagonal halbieren und die Tofu-Melonen-Mischung darauf verteilen.

AUBERGINENRÖLLCHEN

Für 2 Personen

1 – 2 EL **Balsamico bianco,** 1 TL **Ahornsirup** oder **Agavendicksaft** und je ½ TL gemahlenen **Rosmarin** und rosenscharfes **Paprikapulver** verrühren. 1 **Knoblauchzehe** schälen und dazupressen. Die Marinade mit **Salz** würzen. 1 kleine **Aubergine** waschen, putzen und längs in zehn dünne Scheiben schneiden (beide Randscheiben anderweitig verwenden). Auberginenscheiben in zwei Portionen in je 1 EL **Öl** von beiden Seiten in jeweils ca. 4 Min. goldbraun braten, dann in der Marinade wenden und kurz abkühlen lassen. Je 8 getrocknete **Tomaten** (in Öl, ca. 70 g) und gegrillte, eingelegte **Paprikastücke** (ca. 100 g) abtropfen lassen. Auf eine schmale Seite jeder Auberginenscheibe jeweils 1 **Minze-** oder **Basilikumblatt,** 1 Tomate und 1 Paprikastück legen und von dort aus einrollen. Mit Holzspießchen feststecken.

... für ein kulinarisches Stückchen Italien oder Spanien auf dem Teller daheim – und das ohne großen Aufwand.

TOFUSTICKS MIT AIOLI

Für 4 Personen

Für die Aioli 2 EL zimmerwarmen **Sojajoghurt** mit 2 TL **Zitronensaft** und etwas **Salz** verrühren. 2 **Knoblauchzehen** schälen und dazupressen. Mit dem Schneebesen kräftig tröpfchenweise 50 ml **Walnussöl** unterschlagen, bis eine feste Creme entstanden ist. 300 g **Tofu** in grobe Würfel schneiden. 1 – 2 EL neutrales **Öl** in einer Pfanne erhitzen und die Tofuwürfel darin in ca. 5 Min. rundherum goldbraun anbraten. 2 EL **Zitronensaft** und je 1 TL gemahlenen **Rosmarin** und **Ahornsirup** oder **Agavendicksaft** hinzufügen, mit **Salz** würzen und noch kurz weiterbraten. Tofu mit 100 g grünen oder schwarzen **Oliven** (ohne Stein) auf Holzspießchen stecken (nach Belieben auch mit getrockneten Tomaten in Öl). Mit der Aioli zum Dippen servieren.

SESAM-SÜSSKARTOFFELN MIT MOJO

Für 2 Personen

1 **Süßkartoffel** (ca. 400 g) schälen und grob würfeln. In einer Pfanne 2 EL **Olivenöl** erhitzen, darin die Süßkartoffel abgedeckt bei mittlerer Hitze ca. 15 Min. braten, dabei hin und wieder wenden. 2 **Knoblauchzehen** schälen und durchpressen. Mit 1 EL **Balsamico bianco,** 2 TL **Ahornsirup** oder **Agavendicksaft,** 2 EL **Wasser** und je 1 ½ TL edelsüßem und rosenscharfem **Paprikapulver** verrühren. Die Mojo mit **Salz** abschmecken. Nach ca. 10 Min. 2 EL **Sesamsamen** zu den Süßkartoffeln geben und 5 Min. mitbraten. Dann mit 2 EL **Limettensaft** ablöschen und 1 TL **TK-Petersilie** untermischen, mit **Salz** abschmecken. Süßkartoffelwürfel mit der Mojo zum Dippen servieren.

TARTELETTES AUX TOMATES

Blitzschneller Genuss à la française

FÜR 4 PERSONEN

500 g sehr kleine Datteltomaten
4 TL scharfer Senf
4 TL Ahornsirup oder Agavendicksaft
2 Knoblauchzehen
1 Pck. Filo- oder Yufkateig (10 Blatt, 250 g, aus dem Kühlregal)
Salz
Pfeffer
2 EL italienische TK-Kräuter
2 EL Pinienkerne

ZUBEREITUNGSZEIT: 25 MIN. + 30 MIN. BACKEN
PRO PERSON: 315 KAL.

1 Den Backofen auf 200° vorheizen. Tomaten waschen und halbieren. Senf und Ahornsirup oder Agavendicksaft verrühren, den Knoblauch schälen und dazupressen.

2 Vom Filo- oder Yufkateig 8 Blätter doppelt zusammenfalten, sodass kleine Quadrate entstehen. Übrige 2 Teigblätter jeweils in 4 Quadrate schneiden, auf die gefalteten Quadrate legen.

3 Teigstapel mit Knoblauchsenf bestreichen. Die Ränder rundherum jeweils ca. ½ cm einklappen und fest andrücken. Die Tomaten mit den Schnittflächen nach oben auf die Tartelettes setzen. Mit Salz und Pfeffer würzen und mit den Kräutern sowie den Pinienkernen bestreuen.

4 Die Tartelettes mit Abstand auf zwei Bögen Backpapier setzen. Die Bögen nacheinander auf ein Backblech ziehen und die Tartelettes im Ofen (Mitte) 12–15 Min. backen, bis der Teig leicht gebräunt ist. Aus dem Ofen nehmen und kurz abkühlen lassen, dann servieren.

4 X SCHNELLE PASTA ...

PETERSILIENPESTO

Für 2 Personen

1 Bund **Petersilie** waschen, trocken schütteln und die Blätter abzupfen. 1 **Knoblauchzehe** schälen und nur grob zerkleinern. Beides mit 40 g grünen **Oliven** (ohne Stein), 30 g gesalzenen, gerösteten **Cashewkernen** und 2 TL **Kapern** in einen Mixbecher geben. 1 EL **Zitronensaft,** 1 TL **Ahornsirup** oder **Agavendicksaft** und 50 ml **Öl** dazugeben, mit **Kräutersalz** und **Pfeffer** würzen. Alles mit dem Pürierstab fein pürieren. Das Pesto mit **Kräutersalz, Pfeffer** und **Ahornsirup** oder **Agavendicksaft** abschmecken. Mit den **Nudeln** und etwas aufgefangenem **Nudelkochwasser** in einer vorgewärmten Schüssel (oder gleich im Kochtopf) mischen. Servieren.

KICHERERBSEN-ARRABIATA

Für 2 Personen

1 Glas **Kichererbsen** (215 g Abtropfgewicht) in ein Sieb abgießen, abbrausen, abtropfen lassen. 1 kleinen **Zucchino** waschen und grob würfeln. 1 EL **Öl** in einer Pfanne erhitzen und darin den Zucchino anbraten, herausnehmen und erneut 1 EL **Öl** erhitzen. Darin 1 Pck. **TK-Zwiebel-Duo** andünsten. 2 **Knoblauchzehen** schälen und dazupressen, 1 getrocknete **Chilischote** dazubröseln, kurz anbraten. 1 EL **Ahornsirup** oder **Agavendicksaft** untermischen. Kichererbsen und 1 Dose stückige **Tomaten** (400 g) dazugeben. Alles zum Kochen bringen und ca. 5 Min. bei geringer Hitze köcheln lassen. Zucchino und eventuell 1 EL **Kapern** untermischen, 2 Min. mitgaren. Arrabiata mit **Kräutersalz** und **Pfeffer** würzen. Mit den **Nudeln** servieren.

..., die im Eiltempo nicht nur satt, sondern zudem glücklich macht. Einfach 200 – 250 g Pasta (z. B. Fusilli, Spaghetti) nach Packungsanweisung garen, abgießen, abtropfen lassen und dann mit Pesto & Co. servieren.

BUNTES BROKKOLIGEMÜSE

Für 2 Personen

400 g **Brokkoli** in kleine Röschen teilen und waschen. 2 EL **Pinienkerne** in einer Pfanne ohne Fett hellbraun anrösten, herausnehmen. Brokkoli mit 100 ml **Wasser** und etwas **Salz** in die Pfanne geben, aufkochen und zugedeckt bei mittlerer Hitze ca. 4 Min. dünsten. 1 **Knoblauchzehe** schälen und dazupressen. 125 g **Kirschtomaten** waschen und mit 1 EL italienischen **TK-Kräutern** dazugeben. Alles weitere 3 – 4 Min. dünsten, bis der Brokkoli knapp gar (also bissfest) ist. 2 TL **Ahornsirup** oder **Agavendicksaft,** 100 g **Sojasahne** und 2 EL **Limettensaft** untermischen und kurz sämig einkochen lassen. Mit **Salz** und **Pfeffer** würzen. Von 1 Bund **Basilikum** Blätter abzupfen und mit Pinienkernen unter die Sauce mischen. Mit den **Nudeln** servieren.

PAPRIKA-RUCOLA-SALAT

Für 2 Personen

1 gelbe oder orange **Paprikaschote** putzen, waschen, klein schneiden. 2 **Frühlingszwiebeln** putzen, waschen und in feine Ringe schneiden. 50 g getrocknete **Tomaten** (in Öl) abtropfen lassen und in Streifen schneiden. 50 g **Rucola** waschen und trocken schleudern, grobe Stiele entfernen, die Blätter etwas kleiner zupfen. 2 EL **Limettensaft,** 1 EL **Ahornsirup** oder **Agavendicksaft** und 2 TL körnigen **Senf** verrühren. 2 EL **Oliven-** oder **Walnussöl** unterschlagen, Dressing mit **Kräutersalz** und **Pfeffer** abschmecken. Alle vorbereiteten Zutaten mit den **Nudeln** und 50 g gesalzenen, gerösteten **Mandeln** mischen. Pasta 1 – 2 Min. ziehen lassen, dann mit **Kräutersalz** und **Pfeffer** abschmecken und als warmen Salat servieren.

POLENTA MIT PILZGEMÜSE

Herbstlicher Herzenswärmer

FÜR 2 PERSONEN

250 g Champignons
1 kleiner Zucchino
½ l Sojamilch
1 Knoblauchzehe
Kräutersalz
100 g Instant-Polenta (Maisgrieß)
1 EL italienische TK-Kräuter
2 EL Öl
2 EL Walnusskerne
2 EL getrocknete Cranberrys
Pfeffer
½–1 EL Balsamico bianco
frisch geriebene Muskatnuss
(nach Belieben)

ZUBEREITUNGSZEIT: 25 MIN.
PRO PERSON: 530 KAL.

1 Champignons putzen und in dicke Scheiben schneiden. Den Zucchino waschen, putzen, der Länge nach halbieren und quer ebenfalls in dicke Scheiben schneiden.

2 Die Sojamilch in einem Topf erhitzen, den Knoblauch schälen und dazupressen. Die Milch mit Kräutersalz würzen. Maisgrieß dazurieseln lassen und unter Rühren aufkochen. Dann die Polenta 10 Min. bei geringer Hitze mehr ziehen als köcheln lassen, dabei immer wieder mal umrühren. Nach ca. 5 Min. die italienischen Kräuter dazugeben.

3 Das Öl in einer Pfanne erhitzen. Darin die Champignons und den Zucchino bei mittlerer Hitze ca. 5 Min. anbraten. Die Walnusskerne und Cranberrys dazugeben und alles weitere 2–3 Min. braten.

4 Polenta mit Kräutersalz, Pfeffer, Essig und nach Belieben Muskat abschmecken. Das Pilz-Zucchini-Gemüse mit Kräutersalz und Pfeffer abschmecken. Die Polenta auf Teller verteilen und das Gemüse darauf anrichten.

Steinpilzrisotto mit Tomaten

Herrlich cremig durch Mandelmus

FÜR 2 PERSONEN

250 g Kirschtomaten (an der Rispe)
4 EL Olivenöl
1 EL italienische TK-Kräuter
2 TL Ahornsirup oder Agavendicksaft
Kräutersalz
2 Knoblauchzehen
25 g getrocknete Steinpilze
1 Pck. TK-Zwiebel-Duo
150 g 15-Minuten-Risottoreis
80 ml trockener Weißwein
1 EL Aceto balsamico
2 EL Mandelmus
Pfeffer

ZUBEREITUNGSZEIT: 35 MIN.
PRO PERSON: 680 KAL.

1 Backofen auf 220° vorheizen. Tomatenrispe halbieren, waschen, in eine Auflaufform legen. Tomaten mit 2 EL Olivenöl beträufeln, mit den Kräutern bestreuen, mit Ahornsirup oder Agavendicksaft beträufeln und Kräutersalz würzen.

2 In einem Topf 600 ml Wasser erhitzen. Den Knoblauch schälen und dazupressen, mit etwas Kräutersalz würzen. Das Wasser knapp unter dem Siedepunkt halten. Die Pilze grob hacken.

3 Restliches Olivenöl in einem zweiten Topf erhitzen, Zwiebeln und Pilze darin andünsten. Den Reis hinzufügen und kurz mitdünsten. Mit Wein ablöschen und etwas einkochen lassen. Dann nach und nach das gewürzte Wasser dazugeben und bei geringer bis mittlerer Hitze immer wieder einköcheln lassen, dabei ab und zu umrühren. Auf diese Weise ist nach ca. 15 Min. ein herrlich cremiger Risotto entstanden, dabei haben die Reiskörner noch Biss.

4 Nachdem der Risotto ca. 5 Min. gegart hat, Tomaten in den Ofen (Mitte) geben und 10 Min. backen. Fertige Tomaten aus dem Ofen nehmen.

5 Essig und Mandelmus gleichmäßig unter den Risotto rühren. Mit Kräutersalz und Pfeffer abschmecken. Risotto auf tiefe Teller verteilen, Tomaten samt Rispe darauf anrichten, servieren.

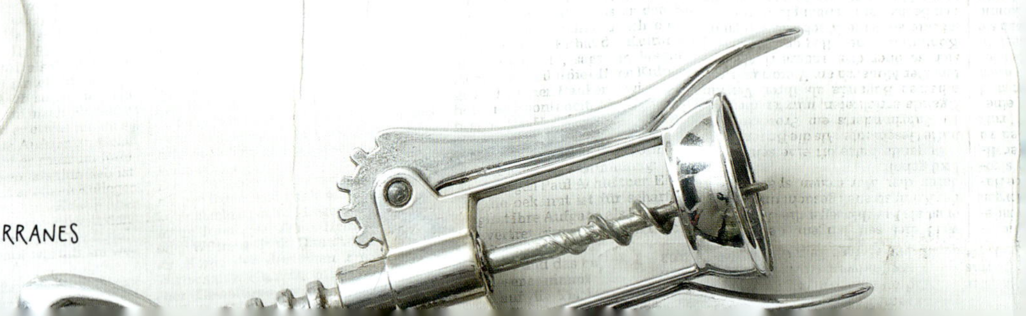

DJUVEC-REISTOPF

Getunter Klassiker aus Südosteuropa

FÜR 2 PERSONEN

1 rote Paprikaschote
2 EL Öl
1 Pck. TK-Zwiebel-Duo
150 g TK-Suppengemüse
1 Knoblauchzehe
2 ½ TL Ahornsirup oder Agavendicksaft
125 g 10-Minuten-Langkornreis
1 Dose stückige Tomaten (400 g)
Kräutersalz
2 ½ TL rosenscharfes Paprikapulver
75 g Räuchertofu
1 EL Pinienkerne (ersatzweise andere Kerne oder gehackte Nüsse)
1 EL TK-Petersilie
2 TL Balsamico bianco
Pfeffer

ZUBEREITUNGSZEIT: 25 MIN.
PRO PERSON: 515 KAL.

1 Die Paprikaschote putzen, waschen und klein würfeln. In einem Topf 1 EL Öl erhitzen. Darin die Zwiebeln, die Paprikaschote und das gefrorene Suppengemüse ca. 5 Min. andünsten.

2 Den Knoblauch schälen und zum Gemüse pressen, 2 TL Ahornsirup oder Agavendicksaft unterrühren. Reis, Tomaten und 400 ml Wasser hinzufügen, mit Kräutersalz würzen. Alles zum Kochen bringen und 10 – 12 Min. bei geringer Hitze köcheln lassen, dabei nach 5 Min. 2 TL Paprikapulver dazugeben.

3 Inzwischen für das Topping Tofu zerbröseln. Restliches Öl in einer Pfanne erhitzen und den Tofu darin goldbraun anbraten. Pinienkerne, Petersilie und übrigen Sirup oder Dicksaft dazugeben und kurz mitbraten. 1 TL Essig und restliches Paprikapulver untermischen. Mit Kräutersalz und Pfeffer abschmecken.

4 Den Reistopf mit Kräutersalz, Pfeffer und dem restlichen Essig abschmecken und auf tiefe Teller oder Suppenschalen verteilen. Mit dem Topping bestreuen und servieren.

おてもと
華商報

ASIATISCHES & ORIENTALISCHES

Ran an die Gewürze, fertig, los!

DIE SCHNELLEN 4 FÜR DIE EXOTISCHE KÜCHE

GEGARTE KICHERERBSEN

Getrocknete Kichererbsen müssen 12 Std. eingeweicht und dann noch rund 2 Std. gekocht werden | schön faul sind dagegen die vorgegarten Erbsen aus Dose oder Glas | diese sind in wenigen Minuten startbereit | bezaubern als würziges Topping auf einem **Tomatensalat** (Seite 82) | sind als **Masala** (Seite 93) ein echter Sattmacher | verleihen der **Kichererbsen-Arrabiata** (Seite 70) eine sehr feine orientalische Note | **Blitz-Hummusrezept:** 200 g gegarte Kichererbsen mit 2 geschälten Knoblauchzehen, 2 EL Sesammus, 1 EL Olivenöl und je 2 EL Zitronensaft und Wasser mit dem Pürierstab fein pürieren. Mit Salz, Zitronensaft, gemahlenem Kreuzkümmel und edelsüßem Paprikapulver abschmecken.

CURRYPASTEN

Beamen Gerichte ruck, zuck nach Asien | rote Currypaste ist manchmal sehr scharf, gelbe in der Regel milder | im Drogeriemarkt auch in Bio-Qualitat und meistens vegan erhältlich | rote Currypaste spielt eine Hauptrolle im **Kokos-Gemüse-Curry** (Seite 94) | würzt auch die **Tomaten-Erdnuss-Suppe** (Seite 87) auf feurige Art | die gelbe Paste bildet die Gewürzmatrix im **Linsendal** (Seite 93) | **heißer Tipp:** Für eine scharfe Grillsauce **Erdnusssauce** (Seite 108) mit 1 – 2 TL roter Currypaste würzen.

TOFU

»Sojamilch« (aus Sojabohnen gepresst) wird erhitzt und mit Gerinnungsmitteln versetzt, sodass die Milch ausflockt, dann werden die festen Bestandteile entwässert und gepresst – fertig ist der Tofu | je nach Wassergehalt unterschiedliche Festigkeit und Konsistenz | einer der wichtigsten Eiweißlieferanten für Vegetarier | praktisch, weil er nicht lange gegart werden muss | pur relativ geschmacklos, nimmt aber wunderbar Gewürze auf | macht **Woknudeln** (Seite 96) zu einer vollwertigen Mahlzeit | super Ergänzung für **klare Zitronengrassuppe** (Seite 86) | würzig auf dem Grill als **Teriyaki-Tofu** (Seite 112) | schmeckt genauso als Topping auf **buntem Sommersalat** (Seite 40) | überrascht auf mediterrane Art auf **Melonencrostini** (Seite 66) und als **Tofusticks mit Aioli** (Seite 67) | **Tipp:** Seitan (veganer Fleischersatz) kann sehr gut auch mal statt Tofu genommen werden. Gibt's allerdings meist nur im Bioladen.

MANGOCHUTNEY

Süßlich-würzige Fruchtsauce aus Indien | im Drogeriemarkt in Bio-Qualität erhältlich | rundet **Kichererbsen-Masala** (Seite 93) ab | verleiht **Zwiebelkuchen** (Seite 52) eine zarte süßliche Note | kann auch pur als Grillsauce, etwa zu **scharfen Wurstspießen** (Seite 102), gereicht werden | 1 TL Chutney im Dressing gibt dem **Möhren-Radicchio-Salat** (Seite 41) eine ganz neue Note | **Variante – Pflaumenchutney:** Dafür 1 Knoblauchzehe und 1 haselnussgroßes Stück Ingwer (ca. 10 g) schälen, durchpressen und mit 1 Pck. TK-Zwiebel-Duo, 1 zerbröselten getrockneten Chilischote, je ½ TL gemahlener Kurkuma und scharfem Senf sowie 150 g Pflaumenmus erhitzen und 3 Min. köcheln lassen. Ausgekühlt mit Salz abschmecken.

TOMATENSALAT MIT KICHERERBSEN

Sommerlicher Aromenmix à la Orient

FÜR 2 PERSONEN

1 Dose Kichererbsen (215 g Abtropfgewicht)
1 rote Zwiebel
250 g Dattel- oder Kirschtomaten
1 Bund Petersilie
4 EL Olivenöl
2 EL Aceto balsamico
1–2 TL gemahlener Kreuzkümmel
1 TL Rohrohrzucker
Kräutersalz
Pfeffer
1 TL getrockneter Rosmarin
1 Pck. geriebene Zitronenschale
1 Knoblauchzehe

ZUBEREITUNGSZEIT: 20 MIN.
PRO PERSON: 315 KAL.

1 Die Kichererbsen in ein Sieb abgießen, abbrausen und abtropfen lassen.

2 Die Zwiebel schälen und in dünne Streifen schneiden. Tomaten waschen und halbieren. Die Petersilie abbrausen, trocken schütteln und die Blättchen abzupfen. Alles mit 2 EL Öl, Essig, 1 – 2 Prisen Kreuzkümmel und dem Zucker in eine Schüssel geben und gut vermischen. Den Salat mit Kräutersalz und Pfeffer würzen.

3 In einer Pfanne 1 EL Öl erhitzen und die Kichererbsen darin anbraten. Restliches Öl mit Rosmarin, Zitronenschale und 1 TL Kreuzkümmel verrühren. Knoblauch schälen und dazupressen. Die Mischung zu den Kichererbsen geben und noch ca. 3 Min. braten. Mit Kräutersalz würzen.

4 Den Tomatensalat auf Teller oder in Schälchen verteilen und die gebratenen Kichererbsen darüberstreuen, servieren. Dazu passt geröstetes Fladenbrot sehr gut.

AUCH FEIN:

Rucola, Schnittlauch oder ein Blattsalat-Mix aus dem Kühlregal ist eine passende grüne Ergänzungen für den Tomatensalat. Einfach zum Schluss mit in die Schüssel geben und locker untermischen.

WARMER MÖHRENSALAT

Leichte Vorspeise mit Suchtpotenzial

FÜR 2 PERSONEN

500 g Snack-Möhren
2 EL Öl
1 EL Ahornsirup oder Agavendicksaft
2–3 EL Limettensaft
Salz
1 Bund Petersilie
2 Knoblauchzehen
50 g Pinienkerne
½ TL gemahlener Koriander
Cayennepfeffer
Pfeffer

ZUBEREITUNGSZEIT: 20 MIN.
PRO PERSON: 375 KAL.

1 Die Möhren längs halbieren. In einer Pfanne das Öl erhitzen. Die Möhren darin ca. 4 Min. anbraten. Ahornsirup oder Agavendicksaft und 2 EL Limettensaft dazugeben und kurz karamellisieren lassen. Dann 100 ml Wasser dazugießen, mit Salz würzen und die Flüssigkeit bei mittlerer Hitze in 5 Min. einkochen lassen.

2 Inzwischen die Petersilie abbrausen, trocken schütteln und die Blätter abzupfen. Den Knoblauch schälen und durch die Presse drücken.

3 Den Knoblauch, die Pinienkerne, Koriander und 1 Prise Cayennepfeffer zu den Möhren geben. Alles noch 2–3 Min. in der Pfanne durchschwenken, dann die Petersilie untermischen. Den Salat mit Salz, Pfeffer, Cayennepfeffer und eventuell Limettensaft abschmecken. Sehr gut passt Fladenbrot dazu.

AUCH FEIN:
Eine fruchtige Ergänzung passt bestens zu den Möhren. Grob zerbröselte Apfelchips, in Streifen geschnittene getrocknete Aprikosen oder getrocknete Cranberrys mit den Pinienkernen in die Pfanne geben und alles wie beschrieben fertig garen.

4 x SCHNELLE BLITZ-SUPPEN ...

ROTE-LINSEN-SUPPE MIT SPINAT

Für 2 Personen

1 Beutel **Pfefferminztee** mit 600 ml kochend heißem **Wasser** übergießen und 5 Min. ziehen lassen. 1 **Zwiebel** und 2 **Knoblauchzehen** schälen und fein würfeln. 1 EL **Öl** in einem Topf erhitzen, Zwiebel darin andünsten. 1 EL **Ahornsirup** oder **Agavendicksaft** und 2 EL **Tomatenmark** unterrühren. Dann 100 g rote **Linsen,** 1 Pck. **TK-Suppengemüse,** 1 TL gemahlenen **Koriander** und den Knoblauch dazugeben, andünsten. Tee dazugießen, mit **Salz** würzen, aufkochen und 12–15 Min. bei geringer bis mittlerer Hitze köcheln lassen, bis die Linsen weich sind. 100 g gefrorenen **TK-Blattspinat** dazugeben und ziehen lassen, bis er aufgetaut und heiß ist. 1 TL edelsüßes **Paprikapulver,** 2 EL **Limettensaft** und 50 g **Sojasahne** unterrühren. Suppe mit **Salz** und **Pfeffer** würzen, in tiefe Teller oder Schalen verteilen, servieren.

KLARE ZITRONENGRASSUPPE

Für 2 Personen

100 g **Glasnudeln** nach Packungsanweisung einweichen. 1 **Knoblauchzehe** und 1 walnussgroßes Stück **Ingwer** (ca. 20 g) schälen, Ingwer grob würfeln. 600 ml **Wasser** mit 1 EL **Sojasauce,** 1 EL **Zitronengraspaste** und 2 TL **Rohrohrzucker** erhitzen. Knoblauch und Ingwer dazupressen, mit **Salz** würzen. ½ rote **Paprikaschote** putzen, waschen und in dünne Streifen schneiden. 50 g **Zuckerschoten** waschen, 100 g **Pilze** (z. B. Champignons oder Kräuterseitlinge) putzen und in dünne Scheiben schneiden. Alles in die Suppe geben und bei geringer Hitze ca. 8 Min. ziehen lassen. Die Glasnudeln abtropfen und in der Suppe ganz kurz gar ziehen lassen. Die Suppe mit **Salz,** etwas **Zitronensaft** und **Zitronengraspaste** sowie **Rohrohrzucker** abschmecken, in tiefe Teller oder Schalen verteilen und servieren.

..., die den Gaumen mit kreativen Kombinationen aus orientalischen Gewürzen und exotischen Aromen verwöhnen.

TOMATEN-ERDNUSS-SUPPE

Für 2 Personen

1 **Zwiebel** und 2 **Knoblauchzehen** schälen und fein würfeln. 1 Knolle **Fenchel** waschen, putzen, klein würfeln. 1 EL **Öl** in einem Topf erhitzen, Zwiebel, Knoblauch und Fenchel darin anbraten. 1 EL rote **Currypaste** dazugeben und kurz mitbraten. 1 Dose stückige **Tomaten** (400 g) und 350 ml **Wasser** hinzufügen, mit **Salz** würzen. Suppe aufkochen und zugedeckt bei geringer Hitze ca. 10 Min. köcheln lassen, bis der Fenchel gar ist. 3 EL **Erdnussmus** und 1 Pck. geriebene **Zitronenschale** unterrühren und die Suppe noch gute 2 Min. ziehen lassen. Mit **Salz, Rohrohrzucker** und 1 – 2 TL **Aceto balsamico** abschmecken, in tiefe Teller oder Schalen verteilen und servieren.

MANGO-MÖHREN-SUPPE

Für 2 Personen

300 g **Snack-Möhren** klein schneiden. 1 EL **Öl** in einem Topf erhitzen. Darin die Möhren und 1 Pck. **TK-Zwiebel-Duo** andünsten. ¼ l **Wasser** mit **Kräutersalz** würzen und dazugießen, aufkochen und bei geringer bis mittlerer Hitze 5 Min. köcheln lassen. Je 200 ml **Kokosmilch** und **Mangofruchtsauce** dazugießen, erneut aufkochen und weitere 5 Min. köcheln lassen. Die Suppe mit dem Pürierstab fein pürieren. 1 Pck. **Bourbon-Vanillezucker,** 1 Pck. geriebene **Zitronenschale,** gut 1 TL **Ingwerpulver** und ½ TL **Cayennepfeffer** mischen und 1 TL davon mit 1 EL **Balsamico bianco** unter die Suppe rühren. Mit **Salz** und noch etwas **Gewürzmischung** abschmecken (die restliche Gewürzmischung in ein Schraubglas füllen und anderweitig verwenden, z. B. für eine Kürbissuppe), in tiefe Teller oder Schalen füllen und servieren.

SÜSSKARTOFFEL-PAPRIKA-GEMÜSE

Ein Hauch Zimt verleiht die besondere Note

FÜR 2 PERSONEN

1 Süßkartoffel (ca. 350 g)
1 rote Paprikaschote
2 EL Sesamsamen
1 EL Öl
1 EL Ahornsirup oder Agavendicksaft
1 Prise Zimtpulver
1 Prise gemahlener Kreuzkümmel
1–2 EL Zitronensaft
Kräutersalz
40 g Rosinen
Pfeffer

ZUBEREITUNGSZEIT: 25 MIN.
PRO PERSON: 300 KAL.

1 Süßkartoffel schälen, längs halbieren und quer in ca. ½ cm dicke Scheiben schneiden. Paprikaschote putzen, waschen und in lange, breite Streifen schneiden. Die Paprikastreifen quer dritteln.

2 Den Sesam in einer Pfanne ohne Fett hellbraun anrösten, herausnehmen. Das Öl in der Pfanne erhitzen. Darin Paprika und Süßkartoffeln ca. 5 Min. anbraten. Ahornsirup oder Agavendicksaft dazugeben, kurz karamellisieren lassen.

3 Das Süßkartoffel-Paprika-Gemüse mit Zimt und Kreuzkümmel würzen, 1 EL Zitronensaft dazugeben und ganz kurz einkochen lassen. 100 ml Wasser dazugießen, mit Kräutersalz würzen, die Rosinen hinzufügen und alles bei geringer Hitze ca. 10 Min. zugedeckt köcheln lassen.

4 Den Sesam unter das Gemüse mischen, mit Kräutersalz, Pfeffer und eventuell Zitronensaft abschmecken. Gemüse auf Teller verteilen und servieren. Dazu passen Bulgur oder Couscous und ein Sojajoghurt-Dip mit Dill.

AUCH FEIN:

Im Herbst anstatt der Süßkartoffel einfach die gleiche Menge Hokkaidokürbis (ohne Kerne, mit Schale) verwenden.

GEFÜLLTE PAPRIKA MIT COUSCOUS

Fixe Zeitreise in die 80er

1 Die Frühlingszwiebeln putzen, waschen und in feine Ringe schneiden. Die getrockneten Tomaten abtropfen lassen und klein schneiden. Den Knoblauch schälen.

FÜR 2 PERSONEN

3 Frühlingszwiebeln
50 g getrocknete Tomaten (in Öl)
3 Knoblauchzehen
100 g Instant-Couscous
1 Pck. TK-Zwiebel-Duo
2 EL Zitronensaft
2 ½ EL Ahornsirup oder Agavendicksaft
Kräutersalz
Pfeffer
2 rote Paprikaschoten
1 Dose stückige Tomaten (400 g)
2–3 Stängel Petersilie (nach Belieben)

ZUBEREITUNGSZEIT: 20 MIN.
+ 30 MIN. GAREN
PRO PERSON: 300 KAL.

2 Den Couscous mit den Frühlingszwiebeln, getrockneten Tomaten, Zwiebel-Duo, 1 EL Zitronensaft und 1 EL Ahornsirup oder Agavendicksaft vermischen. 1 Knoblauchzehe dazupressen, 80 ml Wasser unterrühren. Die Mischung mit Kräutersalz und Pfeffer würzen.

3 Von den Paprikaschoten oben einen flachen Deckel abschneiden. Die Schoten putzen und samt Deckel waschen. Die Couscousmischung in die Schoten füllen, die Deckel daraufsetzen.

4 Die stückigen Tomaten mit 100 ml Wasser in einen Topf geben und erhitzen, restlichen Knoblauch dazupressen. Mit 1 EL Sirup oder Dicksaft und Kräutersalz würzen. Paprikaschoten hineinsetzen und zugedeckt bei geringer bis mittlerer Hitze ca. 30 Min. garen.

5 Nach Belieben Petersilie abbrausen, trocken schütteln und die Blättchen hacken. Die Paprika vorsichtig aus dem Topf nehmen. Die Sauce mit übrigem Zitronensaft und Sirup oder Dicksaft, Kräutersalz und Pfeffer abschmecken und auf Teller verteilen. Die Paprika daraufsetzen und eventuell mit Petersilie bestreuen. Servieren.

AUCH FEIN:

Für ein typisches Orientaroma den Couscous noch mit je ½ TL gemahlenem Koriander und Kreuzkümmel sowie 1 großen Prise Zimtpulver abschmecken. Und in der Tomatensauce unbedingt 30 g Rosinen mitkochen, so erhält sie eine fruchtig-süße Note.

4 x SCHNELLES MIT REIS & HÜLSENFRÜCHTEN ...

SAFRANREIS MIT LINSEN

Für 4 Personen

200 g **Basmatireis** mit reichlich Wasser in einen Topf geben, gründlich durchmischen, in ein Sieb abgießen, abtropfen lassen. 350 ml warmes **Wasser** mit 2 EL **Zitronensaft,** 2 TL **Ahornsirup** oder **Agavendicksaft** und 1 Döschen **Safranfäden** in den Topf geben, **salzen,** 3 Min. ziehen lassen. Reis dazugeben, zum Kochen bringen, zugedeckt bei geringer Hitze 10 Min. köcheln lassen. 1 Dose **Linsen** (265 g Abtropfgewicht) in ein Sieb abgießen, abbrausen und abtropfen lassen. 40 g **Apfelchips** in Stücke brechen und mit je 60 g **Rosinen** und gesalzenen, gerösteten **Cashewkernen** auf den Reis legen. Alles zugedeckt noch 6 – 8 Min. auf der ausgeschalteten Herdplatte ziehen lassen. Die Linsen im Topf oder in der Mikrowelle erhitzen und unter den fertigen Reis rühren. Mit **Salz** und **Zitronensaft** abschmecken, servieren.

ERBSENREIS MIT DILL

Für 2 Personen

150 g **Basmatireis** mit reichlich **Wasser** in einen Topf geben, gründlich durchmischen, in ein Sieb abgießen, abtropfen lassen. 1 **Zwiebel** und 2 **Knoblauchzehen** schälen, fein würfeln. 1 EL **Öl** im Topf erhitzen und die Zwiebel darin braun braten. 2 **Nelken,** 2 TL **Rohrohrzucker,** 1 TL körnigen **Senf,** Knoblauch und 1 Prise gemahlene **Kurkuma** dazugeben und kurz andünsten. Dann 100 g gefrorene **TK-Erbsen** und den Reis unterrühren. 300 ml **Wasser** und 1 EL **Zitronensaft** hinzufügen, mit **Salz** würzen, aufkochen und zugedeckt bei geringer Hitze 10 Min. köcheln lassen. Danach noch 6 – 8 Min. auf der ausgeschalteten Herdplatte sanft ziehen lassen. 1 – 2 EL **TK-Dill** unter den Erbsenreis rühren, mit **Salz** abschmecken und servieren.

... – alles Gerichte, die nicht nur fantastisch schmecken, sondern auch hochwertiges Eiweiß liefern – besonders wenn Getreide (Reis) und Hülsenfrüchte (Linsen, Kichererbsen) kombiniert werden!

KICHERERBSEN-MASALA

Für 2 Personen

200 g **Hokkaidokürbis** waschen, putzen, grob würfeln. 1 Dose **Kichererbsen** (265 g Abtropfgewicht) in ein Sieb abgießen, abbrausen und abtropfen lassen. 1 **Zwiebel** schälen, in dünne Streifen schneiden. 2 EL **Öl** im Topf erhitzen, die Zwiebel darin andünsten. 3 TL **Garam masala,** 2 TL gemahlene **Kurkuma** und 1 TL **Rohrohrzucker** dazugeben, kurz andünsten. Kürbis und Kichererbsen dazugeben, kurz anbraten. 1 Dose stückige **Tomaten** (400 g), 2 EL **Mangochutney** und 400 ml **Wasser** hinzufügen. Mit **Kräutersalz** würzen, aufkochen, bei geringer bis mittlerer Hitze 6 Min. köcheln lassen. 1 **Knoblauchzehe** schälen, dazupressen und alles weitere 5 – 7 Min. garen, bis der Kürbis weich ist. Masala mit **Salz** und **Rohrohrzucker** abschmecken. Nach Belieben noch mit einigen **Petersilien-** oder **Koriandergrünblättchen** bestreuen. Servieren. Dazu passt Basmatireis oder Fladenbrot.

LINSENDAL MIT TOFU

Für 2 Personen

1 walnussgroßes Stück **Ingwer** (ca. 20 g) und 3 **Knoblauchzehen** schälen und fein würfeln. Mit 1 Pck. **TK-Zwiebel-Duo** in einem Topf in 2 EL **Öl** andünsten. 3 TL gelbe **Currypaste,** 2 TL **Ahornsirup** oder **Agavendicksaft** und 220 g rote **Linsen** dazugeben und 2 Min. mitdünsten. ½ l **Wasser** dazugießen, aufkochen und alles zugedeckt bei geringer Hitze 10 Min. köcheln lassen. Inzwischen 150 g **Räuchertofu** klein würfeln. 1 EL **Öl** in einer Pfanne erhitzen und den Tofu darin knusprig braten, mit **Kräutersalz** würzen. Dal unter Rühren offen noch 2 – 3 Min. weiterkochen, dann die Hälfte des Tofus untermengen. Mit **Kräutersalz, Ahornsirup** oder **Agavendicksaft** und 2 – 3 EL **Limettensaft** abschmecken, in tiefe Teller oder Schalen verteilen. Restlichen Tofu, 2 EL getrocknete **Cranberrys** und nach Belieben 1 EL grob gehackte **Petersilie** darüberstreuen, servieren.

ROTES KOKOS-GEMÜSE-CURRY

Extrafaule Version des Thai-Klassikers

FÜR 2 PERSONEN

1 rote Paprikaschote
1 EL Öl
1–2 EL rote Currypaste (Menge nach Geschmack und Schärfewunsch)
1 Pck. TK-Zwiebel-Duo
1 EL Rohrohrzucker
200 ml Kokosmilch
1 EL Limettensaft
Salz
250 g TK-Kaisergemüse

ZUBEREITUNGSZEIT: 20 MIN.
PRO PERSON: 140 KAL.

1 Die Paprikaschote putzen, waschen und in kleine Würfel schneiden.

2 Das Öl in einem Topf erhitzen. Currypaste darin mit dem Zwiebel-Duo und dem Zucker unter Rühren andünsten.

3 Die Kokosmilch mit 100 ml Wasser und ½ EL Limettensaft dazugeben, mit etwas Salz würzen. Die Paprikawürfel und das gefrorene Kaisergemüse dazugeben, aufkochen und zugedeckt bei geringer bis mittlerer Hitze in ca. 8 Min. gar köcheln lassen.

4 Fertiges Curry mit Salz und dem übrigen Limettensaft abschmecken. Dazu passt Basmatireis oder thailändischer Duftreis am besten.

TIPP:

Nicht nur Paprikaschoten und das Kaisergemüse aus der Tiefkühltheke, sondern auch zahlreiche andere Gemüsesorten schmecken sehr gut in diesem roten Thai-Curry. Dazu gehören frische Zuckerschoten und Zucchini, TK-Prinzessbohnen und Bambussprossen (aus dem Glas oder der Dose).

RICE
3版

WOKNUDELN MIT PFLAUMENSAUCE

Überraschend dank der süßlich-würzigen Sauce

FÜR 2 PERSONEN

120 g Pflaumenmus
3 EL Sojasauce
2 Knoblauchzehen
1 walnussgroßes Stück Ingwer (ca. 20 g)
1 EL Zitronensaft
2 TL scharfe Chilisauce
Salz
1 kleiner Zucchino
200 g Tofu
100 g Zuckerschoten
3 Frühlingszwiebeln
1 Romana-Salatherz
2 EL Öl
125 g Instant-Woknudeln
50 g gesalzene, geröstete Cashewkerne

ZUBEREITUNGSZEIT: 25 MIN.
PRO PERSON: 750 KAL.

1 Pflaumenmus und Sojasauce verrühren. Knoblauch und Ingwer schälen, grob schneiden, zum Mus pressen und unterrühren. Zum Würzen der Nudeln 3 EL Mus abnehmen und mit dem Zitronensaft, der Chilisauce und 200 ml Wasser verrühren. Würzsauce mit Salz abschmecken.

2 Zucchino waschen, putzen, längs halbieren und quer in dünne Scheiben schneiden. Den Tofu grob würfeln, die Zuckerschoten waschen. Die Frühlingszwiebeln putzen, waschen und in dünne Ringe schneiden. Salatherz zerpflücken, die Blätter waschen, trocken schleudern und in ca. 1 cm breite Streifen schneiden.

3 Öl in einer großen Pfanne erhitzen. Darin den Tofu anbraten. Zucchinischeiben dazugeben und kurz mitbraten. Dann Zuckerschoten, die Nudeln und die Würzsauce dazugeben. Alles aufkochen und zugedeckt knapp 3 Min. bei mittlerer Hitze kochen lassen.

4 Frühlingszwiebeln, Cashewkerne und Salatstreifen in die Pfanne geben und kurz mit den anderen Zutaten durchschwenken. Woknudeln auf Teller verteilen, das übrige Pflaumenmus darüberträufeln, servieren.

Kappe und Versiegelung vor Gebrauch entfernen.
Sriracha scharfe
SCHARFE CHILISAUCE
200 ml

volutionen und andere Stolpersteine,
welche die Geschichte für die Mächtigen
dieser Welt bereithält. In Afrika sagt
man sogar, es sei für einen Staatschef
nicht gerade klug, sein Land für eine Aus-

GRILLEN

Heiße Newcomer auf dem Rost

DIE SCHNELLEN 4 FÜR DIE GRILLSAISON

VEGANE GRILLWÜRSTCHEN

Bestehen meist aus Mischungen von Soja- und Weizeneiweiß oder Quorn (Eiweiß, das aus Pilzen gewonnen wird) | bereits gewürzt und daher sofort pfannen- oder grillfertig | als **Wurstspieße** (Seite 102) kommen sie richtig scharf daher | schmecken auch pur gegrillt, wenn sie mit **Mango-Barbecue-Sauce** (Seite 108) serviert werden | richtig herzhaft als Einlage für **Kartoffelsuppe** (Seite 49) und Mitglied bei **Krautnudeln** (Seite 50) | perfekte Beilage zum **Kartoffel-Linsen-Stampf** (Seite 45) | machen auch **Morgenwraps** (Seite 32) zu einer pikanten Angelegenheit | **Kichererbsen-Arrabiata** (Seite 70) **mal anders:** Anstatt der Kichererbsen 200 g in dünne Scheiben geschnittene, angebratene Würstchen in die Sauce geben.

GETROCKNETE CHILISCHOTEN

Heizen allen richtig ein, die es schön scharf mögen | fix zerbröseln und schon wird es hot | lange haltbares Muss für den Vorrat | Chilischoten entfalten bei **Wurstspießen** (Seite 102) richtig Power | in der **Mango-Barbecue-Sauce** (Seite 108) und den **Melonencrostini** (Seite 66) kommen sie eher mild-scharf daher | in Kombination mit Himbeeren als **Gazpacho** (Seite 60) ein eiskalter Genuss | unverzichtbarer Anschärfer von **Kichererbsen-Arrabiata** (Seite 70) | **Tipp:** Wer es morgens bereits scharf mag, würzt die **Linsentomaten** (Seite 24) oder **Kürbis-Baba-Ganoush** (Seite 24) zusätzlich mit ½ Chilischote.

KNOBLAUCH

Keine Grillparty und keine mediterranen Genüsse ohne sein kräftiges, unvergleichliches Aroma | frischer Knoblauch ist praktisch, weil die Zehen nicht geschält werden müssen | getrockneter Knoblauch ist länger haltbar, sollte aber getrennt von Zwiebeln aufbewahrt werden, damit er nicht so schnell keimt | kann überall dort eingesetzt werden, wo die rechte Würze fehlt | gibt in **Aioli** (Seite 67) und **Mojo** (Seite 67) den Ton an | zeigt bei **scharfen Wurstspießen** (Seite 102) und **Grillgemüse mit Limetten** (Seite 104) die Richtung an | **Grill-Tipp:** 1 getrocknete Knoblauchknolle unten glatt aufschneiden, auf die Schnittfläche Salz streuen und 1 EL Olivenöl träufeln. Knolle in Alufolie wickeln und auf dem Rost 15 – 20 Min. grillen, dabei ab und zu wenden. Dann Knoblauchzehen aus den Häuten drücken und essen.

LIMETTENSAFT

Seit dem Cocktailboom im Supermarkt in Flaschen erhältlich | exotische Variante des gern genutzten Zitronensafts | gibt Gerichten im Handumdrehen eine frische Note | nach dem Öffnen kalt stellen und innerhalb von 2 – 3 Wochen aufbrauchen (Schimmel kann auf den Boden sinken und ist dann nicht mehr sichtbar) | säuert und erfrischt **Bohnen-Mais-Patties** (Seite 106) und die **Süßkartoffelscheiben** (Seite 107) ebenso wie die **Erdnusssauce** (Seite 108) und die **Avocado-Erdbeer-Salsa** (Seite 109) | aromatisiert 1 a **Avocado-Cashew-Creme** (Seite 25), das Dressing des **bunten Sommersalats** (Seite 40), die **Sesam-Süßkartoffeln** (Seite 67) und **Teriyaki-Tofu** (Seite 112) | nimmt **Kokos-Milchreis-Brûlée** (Seite 122) mit in die Karibik.

SCHARFE WURSTSPIESSE

Schaschlik mit Thai-Flair

FÜR 2 PERSONEN

400 g Ananas (ca. 200 g Fruchtfleisch)
1 rote Paprikaschote
200 g vegane Grillwürstchen
2 Knoblauchzehen
2 EL Ahornsirup oder Agavendicksaft
2 EL Öl
1 getrocknete Chilischote
Kräutersalz
4 Holzspieße (ca. 20 cm lang)

ZUBEREITUNGSZEIT: 20 MIN.
+ 30 MIN. MARINIEREN
+ 10 MIN. GRILLEN
PRO PERSON: 460 KAL.

1 Die Ananas schälen und den harten Strunk wegschneiden, das Fruchtfleisch in 12 gleich große Würfel schneiden. Paprikaschote putzen, waschen und ebenfalls in 12 Stücke schneiden. Die Würstchen in 8 dicke Scheiben schneiden.

2 Alle vorbereiteten Zutaten abwechselnd auf die Holzspieße stecken, dabei jeweils mit Paprika und Ananas beginnen und aufhören.

3 Für die Marinade den Knoblauch schälen, grob würfeln und mit Ahornsirup oder Agavendicksaft und Öl in einen Mixbecher geben. Die Chilischote dazubröseln. Alles mit dem Pürierstab fein pürieren. Mit Kräutersalz würzen.

4 Wurstspieße mit Hilfe eines Küchenpinsels mit der Marinade bestreichen und mind. 30 Min. marinieren lassen. Dann auf dem Grillrost rundherum ca. 10 Min. grillen, bis die Spieße schön gebräunt sind. Dazu passt sehr gut eine Mango-Barbecue-Sauce (Seite 108) oder eine Erdnusssauce (Seite 108).

TIPP:

Besonders Faule greifen anstatt zur frischen Ananas zu Ananaswürfeln aus Glas oder Dose und ersetzen Sirup oder Dicksaft und Chili durch 2 EL fertige süßscharfe Chilisauce.

GRILLGEMÜSE MIT LIMETTEN

Schmeckt nach Urlaub

FÜR 2 PERSONEN

1 rote Paprikaschote
4 große Champignons
1 rote Zwiebel
1 kleiner Zucchino
2 Bio-Limetten
2 EL Öl
1 EL Ahornsirup oder Agavendicksaft
2 TL getrockneter Rosmarin
2 Knoblauchzehen
Kräutersalz
Pfeffer
Alu-Grillschale

ZUBEREITUNGSZEIT: 20 MIN.
+ 30 MIN. MARINIEREN
+ 15 MIN. GRILLEN
PRO PERSON: 175 KAL.

1 Die Paprikaschote putzen, waschen und in grobe Stücke schneiden. Champignons putzen und halbieren. Zwiebel schälen und in 4 dicke Scheiben schneiden. Zucchino waschen, putzen und ebenfalls in dicke Scheiben schneiden. Die Limetten heiß waschen und halbieren.

2 Für die Marinade Öl mit Ahornsirup oder Agavendicksaft und Rosmarin verrühren. Den Knoblauch schälen und dazupressen, mit Kräutersalz würzen. Mit dem vorbereiteten Gemüse und den Limetten mischen und 30 Min. marinieren.

3 Das Gemüse in der Aluschale verteilen und dann auf dem Grillrost 10 – 15 Min. grillen, bis es gebräunt ist. Dabei immer wieder mal wenden. Die Limetten mit den Schnittflächen nach unten auf den Rost legen und ebenfalls grillen.

4 Das Gemüse auf Teller verteilen und mit Kräutersalz und Pfeffer würzen. Dann noch mit dem Saft der gegrillten Limetten beträufeln.

AUCH FEIN:

Tomaten, Auberginen oder eingelegte Artischockenherzen können auf diese Art ebenfalls gegrillt werden.

4 X SCHNELLE PATTIES & CO. ...

KARTOFFEL-MANDEL-PATTIES

Für 2 Personen (4 Burger)

400 g festkochende **Kartoffeln** waschen, in einem Topf knapp mit **Wasser** bedecken, aufkochen, bei geringer Hitze zugedeckt in 25 Min. gar kochen. Kartoffeln ausdampfen lassen und pellen, zerdrücken. 100 g gehackte **Mandeln** in einer Pfanne hellbraun rösten. Mit Kartoffeln, 4 EL **Semmelbröseln,** 1 Pck. **italienischen TK-Kräutern** und 2 TL **Balsamico bianco** mischen. Mit **Kräutersalz** und **Pfeffer** abschmecken und alles kräftig verkneten. Mit den Händen 4 flache Bratlinge formen und dünn mit **Öl** bestreichen. Patties auf dem Rost auf jeder Seite in 5 – 7 Min. knusprig grillen. Mit Mango-Barbecue-Sauce (Seite 108) oder Schnittlauchdip (Seite 109), Rucola, Tomaten- und Avocadoscheiben zwischen Burgerbrötchen schichten.

BOHNEN-MAIS-PATTIES

Für 2 Personen (4 Burger)

1 Dose **Kidneybohnen** (125 g Abtropfgewicht) in einem Sieb abbrausen, abtropfen lassen und in eine Schüssel geben. 1 **Knoblauchzehe** schälen und dazupressen. 4 EL **Semmelbrösel,** 1 EL **Speisestärke,** 2 EL **TK-Zwiebel-Duo** und 1 TL **Limettensaft** dazugeben. Mit 1 TL gemahlenem **Kreuzkümmel,** 1 Prise **Cayennepfeffer, Pfeffer** und **Kräutersalz** würzen. Alles kräftig verkneten. 1 Dose **Mais** (140 g Abtropfgewicht) abtropfen lassen, gut mit der Bohnenmasse mischen. Mit den Händen 4 flache Bratlinge formen, dünn mit **Öl** bestreichen. Patties auf dem Rost auf jeder Seite in 5 – 7 Min. knusprig grillen. Mit Mango-Barbecue-Sauce (Seite 108) oder Avocado-Erdbeer-Salsa (Seite 109), eingelegten Jalapeños, roten Zwiebelringen und Salatblättern zwischen Burgerbrötchen schichten.

... für alle, die Grillen auf die amerikanische Art mögen und dabei nicht auf Burger verzichten möchten. Einfach mit Salsa, BBQ-Sauce, Dip und vielem mehr zwischen Burgerbrötchen schichten – fertig. Das ist aber kein Muss, pur schmecken Patties & Co. ebenfalls.

SÜSSKARTOFFELSCHEIBEN

Für 2 Personen (4 Burger)

1 rundliche **Süßkartoffel** (ca. 400 g) schälen und die Enden wegschneiden. Aus der Mitte 4 Scheiben (ca. 1 ½ cm dick) schneiden und in kochendem **Salzwasser** ca. 8 Min garen, abgießen und ausdampfen lassen. 1 **Knoblauchzehe** schälen, durchpressen und mit 1 TL **Limettensaft,** 2 EL **Öl** und 1 Prise **Cayennepfeffer** verrühren. Die Marinade mit **Kräutersalz** würzen. Süßkartoffelscheiben auf beiden Seiten mit der Marinade bestreichen und 30 Min. marinieren. Dann die Scheiben auf dem Rost auf jeder Seite 5 – 7 Min. grillen, bis sie leicht gebräunt sind. Mit Mango-Barbecue-Sauce (Seite 108) oder Erdnusssauce (Seite 108), buntem Blattsalat-Mix, eingelegten Grillpaprikaschoten, Sprossen und Frühlingszwiebelringen zwischen Burgerbrötchen schichten.

GEGRILLTE AUSTERNPILZE

Für 2 Personen (4 Burger)

200 g große **Austernpilze** putzen. 1 TL **Balsamico bianco** und 2 EL **italienische TK-Kräuter** verrühren, 1 **Knoblauchzehe** schälen und dazupressen. Marinade mit **Kräutersalz** und **Pfeffer** würzen. Die Pilze mit der Marinade mischen und 30 Min. marinieren. Dann die Pilze auf dem Rost auf jeder Seite ca. 5 Min. grillen, bis sie leicht gebräunt sind. Mit Schnittlauchdip (Seite 109), Radicchioblättern, getrockneten Tomaten (in Öl) und gebratenen Zwiebelringen zwischen Burgerbrötchen schichten.

4 X SCHNELLE SAUCEN & DIPS ...

MANGO-BARBECUE-SAUCE

Für 2 Personen

150 g **Mango** schälen, klein schneiden und mit 80 ml **Wasser,** 2 EL **Tomatenmark,** 2 EL **Ahornsirup** oder **Agavendicksaft** und 1 EL **Balsamico bianco** in einen Topf geben. ½–1 getrocknete **Chilischote** dazubröseln. Alles erhitzen und mit dem Pürierstab fein pürieren. 30 g **Cornichons** grob pürieren, dazugeben. Sauce 5 Min. zugedeckt bei geringer bis mittlerer Hitze köcheln lassen. Dann mit **Salz** würzen und eventuell noch mit etwas **Tomatenmark** andicken. Auskühlen lassen. Die BBQ-Sauce passt zu Burgern (Seite 106/107), gegrilltem Gemüse (Seite 104), veganen Grillwürstchen und scharfen Wurstspießen (Seite 102).

ERDNUSSSAUCE

Für 4 Personen

1 EL **Öl** in einem Topf erhitzen und darin 1 Pck. **TK-Zwiebel-Duo** andünsten. 1 **Knoblauchzehe** und 1 haselnussgroßes Stück **Ingwer** (ca. 10 g) schälen, dazupressen. 100 g **Erdnussmus** hinzufügen und kurz mitdünsten, dann mit 1 EL **Limettensaft** und 1 EL **Sojasauce** ablöschen. 130 ml **Wasser** zugießen, ½ TL **Cayennepfeffer** untermischen. Alles bei geringer Hitze 2–3 Min. sanft köcheln lassen. Mit **Salz** und **Ahornsirup** oder **Agavendicksaft** abschmecken. Lauwarm oder kalt servieren. Die Erdnusssauce passt zu Burgern (Seite 106/107), gegrilltem Gemüse (Seite 104), veganen Grillwürstchen und scharfen Wurstspießen (Seite 102).

... für das vegane Grillvergnügen. Und fast ein Muss, da beides nicht nur Burgern, Patties & Co. die richtige Würze verleiht!

SCHNITTLAUCHDIP

Für 4 Personen

100 g **Sojajoghurt,** ½ EL **Balsamico bianco** und 2 TL körnigen **Senf** verrühren. Nach und nach tropfenweise 70 ml **Walnussöl** kräftig unterschlagen und alles cremig rühren. 1 **Knoblauchzehe** schälen und dazupressen, 2 EL **TK-Schnittlauch** unterrühren. Den Dip mit **Salz, Pfeffer, Ahornsirup** oder **Agavendicksaft** und **Balsamico bianco** abschmecken. Schnittlauchdip passt zu gegrilltem Gemüse (Seite 104). Sehr lecker auch zu gebratenen Champignons, Kartoffelrösti oder gedämpftem Brokkoli.

AVOCADO-ERDBEER-SALSA

Für 2 Personen

1 kleine **Avocado** halbieren, vom Kern befreien und schälen. 100 g **Erdbeeren** waschen und putzen, 1 kleine rote **Zwiebel** schälen. Alles fein würfeln und in einer Schüssel vermischen. 1 EL **Limettensaft,** 1 TL **Ahornsirup** oder **Agavendicksaft,** 1 EL **Öl** und je ½ TL **Cayennepfeffer** und gemahlenen **Kreuzkümmel** dazugeben und gut unterrühren. Die Salsa mit **Salz, Pfeffer** und **Limettensaft** abschmecken. Nach Belieben noch 1 kleines Bund **Koriandergrün** abbrausen und trocken schütteln, Blätter abzupfen, etwas kleiner zupfen und untermischen. Die fruchtige Salsa schmeckt zu Burgern (Seite 106/107), zu gegrilltem Tofu und auf Baguette.

GEFÜLLTE GRILLTOMATEN

Oben knusprig und innen höchst aromatisch

FÜR 2 PERSONEN

1 Ciabattabrötchen
1 Bund Basilikum
2 Knoblauchzehen
30 g schwarze Oliven (ohne Stein)
2 TL Öl
2 TL körniger Senf
Kräutersalz
Pfeffer
4 große Strauchtomaten
2 EL Aceto balsamico
Alu-Grillschale

ZUBEREITUNGSZEIT: 20 MIN.
+ 12 MIN. GRILLEN
PRO PERSON: 190 KAL.

1 Das Brötchen in dünne Scheiben schneiden und knusprig toasten. Vom Basilikum die Blätter abzupfen, den Knoblauch schälen.

2 Das Brot in einem elektrischen Blitzhacker fein hacken und herausnehmen. Dann Basilikum, Knoblauch und die Oliven ebenfalls hacken und mit dem Brot mischen. Öl und Senf hinzufügen, mit Kräutersalz und Pfeffer würzen und alles kräftig verkneten.

3 Tomaten waschen und quer halbieren, mit einem Löffel die Kerne aus den Hälften lösen. Die Brotfüllung fest in die Tomaten drücken.

4 Die Tomaten zunächst mit den offenen Seiten nach unten in die Aluschale legen und auf dem Grillrost 5 – 7 Min. grillen, bis die Füllung schön gebräunt und knusprig ist. Dann wenden, in der Aluschale oder direkt auf dem Rost in 3 – 5 Min. fertig grillen. Zum Schluss mit Essig beträufeln.

SERVIER-TIPP:

Sehr fein schmeckt dazu grüner Salat. Dafür 100 g Blattsalat-Mix waschen und trocken schleudern. 1 Stück Salatgurke (ca. 100 g) schälen und in dünne Scheiben schneiden. Beides mit Balsamicodressing (vom Avocado-Bohnen-Salat, Seite 64, aber mit dunklem Balsamico) mischen, auf Teller verteilen und die Tomaten darauf anrichten. Auch gut: Die Tomaten auf Linsensalat (Seite 41) servieren.

TERIYAKI-TOFU

Mit japanischer Würze

FÜR 2 PERSONEN

7 EL Sojasauce
3 EL Ahornsirup oder Agavendicksaft
3 EL Limettensaft
1 EL Öl
1 Knoblauchzehe
1 walnussgroßes Stück Ingwer (ca. 20 g)
200 g Tofu
1 rote Zwiebel
4 Frühlingszwiebeln
Alu-Grillschale

ZUBEREITUNGSZEIT: 15 MIN.
+ 30 MIN. MARINIEREN
+ 13 MIN. GRILLEN
PRO PERSON: 335 KAL.

1 Für die Marinade in einem Topf Sojasauce, Ahornsirup oder Agavendicksaft, Limettensaft und Öl verrühren. Den Knoblauch und Ingwer schälen und dazupressen. Alles bei mittlerer Hitze in ca. 5 Min. dicklich einkochen lassen.

2 Tofu quer in knapp 1 cm dicke Scheiben schneiden. Die rote Zwiebel schälen und in ebenso dicke Scheiben schneiden. Frühlingszwiebeln putzen, waschen und quer halbieren. Alles vorsichtig, aber gründlich mit der Marinade vermischen und ca. 30 Min. ziehen lassen.

3 Zunächst Zwiebel- und Tofuscheiben in die Aluschale legen und auf dem Rost 6 – 8 Min. grillen. Dann die Frühlingszwiebeln dazulegen und alles ca. 5 Min. weitergrillen, bis Tofu & Co. gebräunt sind, aber noch glänzen. Dabei immer wieder wenden und mit der Marinade bepinseln. Vom Grill nehmen und servieren.

AUCH FEIN:

Die Wurstspieße (Seite 102) können statt mit der Chilimarinade sehr gut auch auf Teriyaki-Art zubereitet werden.

DESSERTS & GEBÄCK

Reichlich Futter für passionierte Dessertaner

DIE SCHNELLEN 4 FÜR SÜSSE SACHEN

VEGANE SCHOKOLADE

Die Königin der Süßigkeiten | im Super- und Drogeriemarkt sind nur einige dunkle Sorten (recht selten ab 50 % Kakaoanteil, meist ab 60 – 70 %) frei von Milchbestandteilen und Butterfett und damit rein pflanzlich | im Bioladen gibt es auch helle Sorten auf Soja- oder Reisbasis | flüssig richtig verführerisch im **Mandel-Schoko-Fondue** (Seite 124) | macht **Schoko-Kirsch-Kuchen** (Seite 127) zu einem echten Genuss | verwöhnt schon am Morgen als Topping im **Chai-Bircher-to-go** (Seite 20) und in **Schoko-Erdnuss-Creme** (Seite 26) | **Tipp:** Gehackte Schokolade über einen noch warmen **Grießbrei** (Seite 118) streuen, nur ganz leicht anschmelzen lassen und rasch genießen.

TK-BEEREN

Reich an Vitaminen und Antioxidantien | die Besten sind Himbeeren und eine Mischung aus Johannisbeeren, Heidelbeeren, Brombeeren und Himbeeren | ganzjährig verfügbar und praktisch portionierbar | Himbeeren überzeugen im blitzschnell zusammengerührten **Schoko-Himbeer-Crunch** (Seite 121) und als Topping für **Himbeer-Kokos-Kuchen** (Seite 127) | beim USA-Frühstück veredeln sie **Mandel-Pancakes** (Seite 28) | den **Himbeer-Gazpacho-Shots** (Seite 60) verleihen sie eine fruchtige Note und kühlen als kleine Eiswürfel die Suppe ebenso wie den **Hugo** (Seite 132) sofort herunter | die Beerenmischung passt hervorragend zu **Grießbrei** (Seite 118).

SOJAJOGHURT

Sojamilch wird mit Milchsäurebakterien versetzt, gerinnt und erhält so eine stichfeste Konsistenz | da der Begriff »Joghurt« nur bei Milchprodukten verwendet werden darf, steht auf den Verpackungen ein ähnlich klingender Fantasiename | Basis für blitzschnell angerührte **Desserts** (Seite 120/121) | in **Rührteig** (Seite 127) und als Guss auf **Mandarinenkuchen** (Seite 126) ganz fantastisch | zu jedem **Müsli** (Seite 18 – 21) ein echter Frühstücksallrounder | auch für cremige Saucen wie **Sesamcreme** (Seite 32), **Aioli** (Seite 67) und auch Schnittlauchdip (Seite 109) perfekt | **Megaschnelles Dessert:** 400 g Sojajoghurt, 2 EL Ahornsirup oder Agavendicksaft und 2 Pck. Bourbon-Vanillezucker glatt verrühren und auf zwei Schälchen verteilen. 200 g rote Grütze (Kühlregal) daraufschichten.

MANDELN, MANDELMUS & MARZIPAN

Mandeln und Mandelmus enthalten hochwertiges Eiweiß und sind reich an Vitaminen und Mineralstoffen | Mandeln sind zudem gesunde Sattmacher für Zwischendurch | Mus ist leider nicht ganz billig | Mandelmus ist fix verrührt zum **Mandel-Bananen-Joghurt** (Seite 121) | fast schon luxuriös als **Mandel-Schoko-Fondue** (Seite 124) | verfeinert perfekt **Joghuccino-Müsli** (Seite 20) und die **Mandel-Pancakes** (Seite 28) | verleiht auch herzhaften Gerichten eine cremige Note: **Steinpilzrisotto** (Seite 74) | geröstete Mandeln geben **Paprika-Rucola-Salat** (Seite 71) knackigen Biss | Marzipan überzeugt mit Apfelkompott und Cranberrys im **Strudel** (Seite 128) | **Tipp:** In der braunen Haut der Mandeln stecken viele Ballaststoffe, also mitessen!

GRIESSBREI MIT BEEREN

Schmeckt wie im Hotel Mama

FÜR 2 PERSONEN

- **150 g TK-Beerenmischung**
- **1 TL Speisestärke**
- **50 g Rohrohrzucker**
- **50 g Weichweizengrieß**
- **1 Pck. Bourbon-Vanillezucker**
- **Zimtpulver**
- **1 Prise Salz**
- **400 ml Soja-, Hafer- oder Reismilch**

ZUBEREITUNGSZEIT: 20 MIN.
PRO PERSON: 350 KAL.

1 Die gefrorenen Beeren in einem Topf mit der Stärke und 2 EL Rohrohrzucker mischen, erhitzen und unter Rühren bei geringer Hitze 1 Min. sanft köcheln lassen. Den Topf vom Herd nehmen.

2 Grieß, restlichen Rohrohrzucker, Vanillezucker, 1 Prise Zimt, Salz und die Milch in einem zweiten Topf verrühren. Alles erhitzen und unter Rühren bei geringer bis mittlerer Hitze in ca. 3 Min. zu einem leicht dicklichen Brei einkochen lassen. Den Grießbrei in zwei tiefe Teller oder Schälchen verteilen und 5 Min. abkühlen lassen.

3 Grießbrei mit wenig Zimtpulver bestäuben. Die Beeren auf dem Brei anrichten und alles noch warm servieren.

TIPP:

Der Grießbrei und die Beerenmischung schmecken süß, weil sie als Dessert gedacht sind. Wer das Ganze als Frühstück genießen möchte, kann den Zuckeranteil reduzieren.

4 X SCHNELLE JOGHURTSPEISEN ...

APRIKOSEN-KOKOS-LASSI

Für 2 Personen

1 Dose **Aprikosen** (240 g) samt dem Saft, 200 ml **Kokosmilch,** 200 g **Sojajoghurt,** 1 EL **Ahornsirup** oder **Agavendicksaft** und 2 EL **Limettensaft** in eine hohe Rührschüssel füllen. 2 Stängel **Minze** abbrausen und trocken schütteln, Blätter abzupfen und in die Schüssel geben. Alles mit einem Pürierstab fein pürieren. Lassi auf zwei große Gläser verteilen, servieren.

TIPP:

Dieses Dessert zum Trinken kann auch spielend leicht zu einem Frühstücksshake umgewandelt werden. Dafür die Minze weglassen und noch 40 g Haferflocken mitpürieren.

BLITZ-HERRENCREME

Für 2 Personen

200 ml **Sojamilch** mit 40 g **Rohrohrzucker,** 1 Pck. **Bourbon-Vanillezucker,** 2 EL braunem **Rum** und 2 EL **Speisestärke** in einem Topf verrühren. Alles erhitzen und unter Rühren bei mittlerer Hitze in ca. 1 Min. dicklich einkochen lassen. Dann vom Herd nehmen, auskühlen lassen und 250 g **Sojajoghurt** unterrühren. 50 g vegane **Zartbitterschokolade** grob hacken und untermischen. Die Creme nach Belieben noch mit etwas braunem **Rum** abschmecken, in zwei Gläser oder Schälchen füllen und servieren.

..., die den Gaumen mit kreativen Kombinationen aus feinen Gewürzen, Kräutern und Aromen sowie Früchten verwöhnen.

SCHOKO-HIMBEER-CRUNCH

Für 2 Personen

250 g **Sojajoghurt** mit 2 EL **Kakaopulver** und 2 EL **Ahornsirup** oder **Agavendicksaft** gut verrühren. 40 g gefrorene **TK-Himbeeren** in zwei große Gläser verteilen, je 20 g **Knuspermüsli** (z. B. Asia-Müsli, Seite 18) darüberstreuen und den Schokojoghurt daraufgeben. Jeweils 20 g gefrorene **TK-Himbeeren** und **Knuspermüsli** auf dem Joghurt verteilen. Den Schoko-Himbeer-Crunch ca. 10 Min. stehen lassen, bis die Beeren angetaut sind, dann servieren.

AUCH FEIN:

Statt der TK-Himbeeren nach Belieben rote Grütze oder Kirschgrütze (Kühlregal) nehmen. Dann entfällt die kurze Wartezeit.

MANDEL-BANANEN-JOGHURT

Für 2 Personen

250 g **Sojajoghurt** mit 50 g **Mandelmus,** 2 EL **Ahornsirup** oder **Agavendicksaft** und eventuell 1 kleinen Prise **Salz** verrühren. Den Joghurt in zwei Schälchen verteilen. In einer kleinen Pfanne 40 g **Rohrohrzucker** bei mittlerer Hitze schmelzen und hellbraun karamellisieren lassen. 80 g **Sojasahne** dazugießen und beides in 3–4 Min. zu einem leicht dicklichen Karamell einkochen, dann 40 g **Mandelblättchen** gleichmäßig untermischen. 1 **Banane** schälen, in knapp 1 cm dicke Scheiben schneiden, zu dem Mandelkaramell geben und ca. 1 Min. ziehen lassen. Bananenmischung auf dem Joghurt verteilen, servieren.

KOKOS-MILCHREIS-BRULÉE

Leckeres Alles-aus-dem-Vorrat-Dessert

FÜR 4 PERSONEN

400 ml Kokosmilch
125 g 5-Minuten-Milchreis
1 Dose Mango (250 g Abtropfgewicht)
1 EL Limettensaft
60 g Rohrohrzucker

ZUBEREITUNGSZEIT: 25 MIN.
PRO PERSON: 260 KAL.

1 In einem Topf Kokosmilch und 100 ml Wasser aufkochen. Den Reis dazugeben und offen bei mittlerer Hitze 5 Min. kochen lassen. Dann auf der ausgeschalteten Herdplatte zugedeckt noch 10 Min. quellen lassen.

2 Den Backofengrill einschalten. Mango in ein Sieb abgießen und abtropfen lassen, dann in knapp 1 cm große Stücke schneiden und in vier ofenfeste Förmchen (je 8 – 10 cm Ø) verteilen.

3 Milchreis mit Limettensaft und 2 EL Rohrohrzucker verrühren. Reis ebenfalls in die Schälchen verteilen, glatt streichen und mit dem restlichen Zucker bestreuen.

4 Förmchen in den Ofen (Mitte) schieben und den Zucker in ca. 5 Min. hellbraun karamellisieren lassen. Kokos-Milchreis-Brulée aus dem Ofen nehmen, kurz ruhen lassen und servieren.

TIPP:
Noch besser funktioniert das Karamellisieren des Zuckers, wenn der Kokos-Milchreis vorher zugedeckt 2 Std. kühl steht.

MANDEL-SCHOKO-FONDUE

Ein kleines Töpfchen Glück

FÜR 4 PERSONEN

100 g kernlose Weintrauben
1 Banane
1 Dose Ananasstücke
(140 g Abtropfgewicht)
50 g Macadamianüsse
100 g vegane Zartbitterschokolade
(50–70 % Kakaoanteil)
100 ml Soja- oder Hafermilch
80 g Rohrohrzucker
2 Pck. Bourbon-Vanillezucker
100 g Mandelmus
1–2 Prisen grobes Meersalz
(nach Belieben)

ZUBEREITUNGSZEIT: 15 MIN.
PRO PERSON: 585 KAL.

1 Weintrauben waschen und von den Stielen zupfen. Banane schälen und in dicke Scheiben schneiden. Die Ananas in ein Sieb abgießen und abtropfen lassen. Das Obst und die Macadamianüsse in zwei Schälchen verteilen.

2 Die Schokolade in grobe Stücke brechen. Mit Milch, Rohrohrzucker und Vanillezucker in einen Topf geben. Alles unter Rühren langsam erhitzen, bis die Schokolade geschmolzen ist, Mandelmus unterrühren. Nach Belieben die Schokosauce noch mit Meersalz abschmecken.

3 Die Schokosauce in zwei vorgewärmte Schälchen füllen und mit den Obstschälchen auf den Tisch stellen. Die Früchte in die Sauce dippen.

AUSTAUSCH-TIPP:

Wer kein Mandelmus bekommt, kann stattdessen auch Erdnussmus nehmen.

Fondue au Chocolat
NOIR
70%
Cacao
Dark Chocolate
70% Cocoa

4 X SCHNELLE BLECHKUCHEN ...

MANDARINENKUCHEN

Für 1 Backblech (ca. 25 Stück)

Für den Belag 1 kg **Sojajoghurt,** 100 g **Rohrohrzucker,** 4 EL **Speisestärke,** 2 Pck. geriebene **Zitronenschale** und 2 Dosen **Mandarinen** (300 g) samt Saft glatt verrühren. Auf dem Teig verteilen. Den Kuchen im 180° heißen Backofen (Mitte) 35 – 40 Min. backen, dann noch 10 Min. im ausgeschalteten Ofen ziehen lassen. Mandarinenkuchen lauwarm oder kalt servieren. Nach Belieben vorher mit Puderzucker bestäuben.

ORIENT-MANDELKUCHEN

Für 1 Backblech (ca. 25 Stück)

Für den Belag 200 g gehackte **Mandeln,** 50 g gehackte **Pistazien,** 50 g **Rohrohrzucker,** 4 EL **Zitronensaft** und jeweils 1 TL **Zimt-** und **Ingwerpulver** mischen und auf dem Teig verteilen. Den Kuchen im 180° heißen Backofen (Mitte) 35 – 40 Min. backen, dann noch 10 Min. in dem ausgeschalteten Ofen ziehen lassen. 150 g **Ahornsirup** oder **Agavendicksaft,** 4 EL **Zitronensaft** und 2 EL **Wasser** verrühren. Kuchen aus dem Ofen nehmen, sofort mit dem Sirup beträufeln und auskühlen lassen.

... aus Rührteig. Dafür 400 g Sojajoghurt, 2 EL geschrotete Leinsamen und 150 ml Öl verrühren und 10 Min. ziehen lassen. 300 g Dinkelmehl (Type 630), 3 TL Backpulver, 50 g gemahlene Mandeln, 100 g Rohrohrzucker, 1 Pck. Bourbon-Vanillezucker und 1 Prise Salz vermischen. Mit dem Joghurt-Öl-Mix verrühren. Den Teig auf einem mit Backpapier ausgelegten Blech verteilen, belegen (siehe unten) und backen.

SCHOKO-KIRSCH-KUCHEN

Für 1 Backblech (ca. 25 Stück)

Für den Belag je 200 g vegane **Zartbitterschokolade** und **Walnusskerne** grob hacken. Mit 500 g **Kirschgrütze** (Kühlregal) auf dem Teig verteilen. Den Kuchen im 180° heißen Backofen (Mitte) 35 – 40 Min. backen, dann noch 10 Min. im ausgeschalteten Ofen ziehen lassen. Den Kuchen lauwarm oder kalt servieren.

HIMBEER-KOKOS-KUCHEN

Für 1 Backblech (ca. 25 Stück)

Für den Belag 200 g **Weizenmehl** (Type 405) oder **Dinkelmehl** (Type 630), 200 g **Zucker,** 200 g **Kokosraspel** und 1 Prise **Salz** mischen. 200 g **Margarine** erwärmen, die Mehl-Kokos-Mischung einrühren und alles zu Streuseln verarbeiten. 400 g gefrorene **TK-Himbeeren** auf dem Teig verteilen, die Kokosstreusel darüberstreuen. Den Kuchen im 180° heißen Backofen (Mitte) 35 – 40 Min. backen, dann noch 10 Min. im ausgeschalteten Ofen ziehen lassen. Den Kuchen lauwarm oder kalt servieren.

APFEL-MARZIPAN-STRUDEL

Klassiker auf der Überholspur

FÜR 10 STÜCK

- **2 Pck. Marzipanrohmasse** (je 200 g)
- **2 Gläser Apfelkompott** (je 360 g)
- **1 TL Zimtpulver**
- **1 EL Sojajoghurt**
- **3 EL Puderzucker**
- **1 Pck. Strudelteig** (10 Blätter, 250 g, aus dem Kühlregal)
- **80 g getrocknete Cranberrys**
- **80 g Haselnuss- oder Mandelblättchen**

ZUBEREITUNGSZEIT: 15 MIN. + 35 MIN. BACKEN
PRO STÜCK: 420 KAL.

1 Den Backofen auf 180° vorheizen, ein Backblech mit Backpapier auslegen. Jeden Marzipanblock längs in 5 dünne Scheiben schneiden. Das Apfelkompott mit dem Zimt verrühren, den Sojajoghurt mit dem Puderzucker verrühren.

2 Die Strudelteigblätter nebeneinander auf der Arbeitsfläche ausbreiten. Jeweils in die Mitte 1 Scheibe Marzipan legen und etwas Apfelkompott darauf verteilen. Cranberrys und Haselnuss- oder Mandelblättchen darüberstreuen.

3 Bei jedem Teigblatt eine Teigseite über die Füllung klappen, dann die gegenüberliegende Seite darüberschlagen. Zum Schluss noch die beiden Enden einklappen und die Strudel mit den Nahtstellen nach unten aufs Blech legen.

4 Die Apfel-Marzipan-Strudel im Ofen (Mitte) in 30 – 35 Min. goldbraun backen. Dabei nach ca. 10 Min. mit dem angerührten Joghurt dünn bestreichen. Warm servieren.

TIPP:

Wer möchte, kann die kleinen Strudel nach dem Bestreichen mit dem Joghurt noch mit Sesamsamen, Haselnuss- oder Mandelblättchen bestreuen und dann fertig backen.

KARALIS

BIRNEN-PREISELBEER-CRUMBLE

Bodenlose Köstlichkeit

FÜR 2 PERSONEN

60 g Weizenmehl (Type 405) **oder Dinkelmehl** (Type 630)
30 g Rohrohrzucker
1 Prise Salz
30 g Margarine
1 große Birne (z. B. Abate)
3 EL Haselnuss- oder Mandelblättchen
4 TL Preiselbeeren (aus dem Glas)

ZUBEREITUNGSZEIT: 20 MIN.
+ 25 MIN. BACKEN
PRO PERSON: 455 KAL.

1 Den Backofen auf 180° vorheizen. Mehl, 2 EL Zucker und Salz mischen. Margarine in einem Topf schmelzen und vom Herd nehmen. Die Mehl-Zucker-Mischung dazugeben und alles zu Streuseln verarbeiten, beiseitestellen.

2 Birne vierteln, schälen, entkernen und klein würfeln. Die Birne mit dem restlichen Zucker in eine Pfanne geben und unter Rühren bei mittlerer Hitze in 3–4 Min. karamellisieren lassen. Die Haselnuss- oder Mandelblättchen dazugeben und kurz mitkaramellisieren.

3 Die Birnen in zwei ofenfeste Portionsförmchen (je ca. 12 cm Ø) geben und je 2 TL Preiselbeeren darauf verteilen. Die Streusel darüberstreuen. Die Crumble im Ofen (Mitte) ca. 25 Min. backen, bis die Streusel leicht gebräunt sind. Noch warm servieren.

TIPP:

Für einen Blitz-Crumble 100–150 g Apfelkompott (aus dem Glas) in den Förmchen verteilen, mit den Streuseln bestreuen und goldbraun backen. Fertig.

FAULE MENÜS

DAS LEICHTE SOMMERMENÜ

FÜR 2 PERSONEN
IN 50 MIN. AUF DEM TISCH

Das gibt es

› **Tomatensalat mit Kichererbsen**
Seite 82

› **Klare Zitronengrassuppe**
Seite 86

› **Schoko-Himbeer-Crunch**
Seite 121

So gehen Sie vor

1 Den Schoko-Himbeer-Crunch zubereiten und kühl stellen.

2 Für die Zitronengrassuppe Brühe vorbereiten, aber noch nicht erhitzen. Das Gemüse und die Pilze putzen und klein schneiden.

3 Den Tomatensalat zubereiten und servieren.

4 Für die Suppe die Nudeln einweichen. Die Brühe erhitzen, das Gemüse darin gar ziehen lassen. Die Suppe fertigstellen und servieren.

5 Das Dessert servieren.

MIT AUF DEN TISCH KÖNNEN:

knusprig aufgebackenes Baguette oder das No-Knead-Ciabatta (Seite 62), dazu passen Linsentomaten (Seite 24). Außerdem einen Hugo mit Himbeeren servieren: 1 gewürfelte Limette mit 6 Minzeblättern auf zwei Gläser verteilen. Jeweils 2 cl Holunderblütensirup und 150–200 ml Prosecco dazugießen und je 1–2 EL TK-Himbeeren in die Gläser geben.

DEKO-TIPP:

Gerberablüten entweder einzeln in kleinen Vasen oder schwimmend in flachen Schalen, Gläser (in kleine weiße Papiertütchen gestellt und mit Bast umwickelt) mit Teelichtern.

DAS FUTTERN-WIE-BEI-MUTTERN-MENÜ

FÜR 2 PERSONEN
IN 50 MIN. GEMACHT

Das gibt es

› **Möhren-Radicchio-Salat**
Seite 41

› **Kartoffelsuppe**
Seite 49

› **Grießbrei mit Beeren**
Seite 118

So gehen Sie vor

1 Für den Grießbrei die Beeren zubereiten und beiseitestellen.

2 Die Kartoffelsuppe bis auf die Croûtons zubereiten und beiseitestellen.

3 Den Möhren-Radicchio-Salat zubereiten und servieren.

4 Die Croûtons zubereiten, die Suppe noch einmal erhitzen, beides wie beschrieben anrichten und servieren.

5 Den Grießbrei zubereiten, die Beeren nach Belieben noch einmal erwärmen, dann wie beschrieben anrichten und servieren.

MIT AUF DEN TISCH KÖNNEN:

als Gruß aus der Küche kleine Pumpernickel- oder Vollkornbrothäppchen mit herzhaftem Tatar (Seite 25), garniert mit fein gewürfelten Zwiebeln und fächerartig aufgeschnittenen Cornichons.

DEKO-TIPP:

karierte Servietten, Filztischläufer in Grün, Grau oder Rot, Holzscheiben mit Teelichtern darauf, Moos und Kiefernzapfen.

FAULE MENÜS

DAS HERBSTLICHE SCHLEMMERMENÜ

FÜR 4 PERSONEN
IN 50 MIN. STARTKLAR

Das gibt es

- **Kürbis-Sanddorn-Suppe**
  Seite 48 (doppelte Menge)
- **Zwiebelkuchen mit Weintrauben**
  Seite 52
- **Birnen-Preiselbeer-Crumble**
  Seite 130 (doppelte Menge)

So gehen Sie vor

1 Die Kürbis-Sanddorn-Suppe vorbereiten und 10 Min. köcheln lassen, inzwischen die Zwiebelkuchen vorbereiten. Suppe beiseitestellen.

2 Birnen-Preiselbeer-Crumble vorbereiten und in eine große Auflaufform (20x30 cm) füllen. Den Backofen auf 220° vorheizen.

3 Suppe erhitzen, wie beschrieben fertigstellen, servieren. Inzwischen ersten Kuchen backen.

4 Ersten Zwiebelkuchen vierteln und servieren, inzwischen zweiten Kuchen backen. Backofen auf 180° herunterschalten. Zweiten Kuchen servieren, währenddessen den Crumble backen.

5 Den Crumble aus dem Ofen nehmen und auf Teller verteilen, dann servieren.

MIT AUF DEN TISCH KÖNNEN:

zum Zwiebelkuchen Feldsalat mit gerösteten Kürbiskernen und Balsamico-Senf-Dressing, zum Crumble veganes Vanilleeis; außerdem neuer Süßer oder Apfelschorle mit 1 Schuss Sanddornsaft oder Holunderblütensirup.

DEKO-TIPP:

Teelichtgläser mit bunten Blättern und Draht umwickelt, Zierkürbisse, Walnüsse, Kastanien und Korken von Weinflaschen.

DAS VEGGIE-GOURMET-MENÜ

FÜR 4 PERSONEN
IN 45 MIN. GEHT'S LOS

Das gibt es

- **Rote-Bete-Carpaccio**
  Seite 38 (doppelte Menge)
- **Steinpilzrisotto mit Tomaten**
  Seite 74 (doppelte Menge)
- **Apfel-Marzipan-Strudel**
  Seite 128

So gehen Sie vor

1 Den Strudel vorbereiten und das Rote-Bete-Carpaccio zubereiten, beides beiseitestellen.

2 Für das Risotto die Tomaten nur vorbereiten. Das Risotto 5 Min. garen, vom Herd nehmen.

3 Dann erst den Backofen auf 220° vorheizen. Das Carpaccio servieren.

4 Die Tomaten wie beschrieben im Ofen garen. Inzwischen Risotto erhitzen und fertigstellen, das dauert nun etwas weniger als 10 Min.

5 Den Backofen auf 180° herunterschalten. Das Risotto anrichten und servieren, inzwischen die Strudel backen.

6 Strudel aus dem Ofen nehmen und servieren.

MIT AUF DEN TISCH KÖNNEN:

vorweg als Gruß aus der Küche Gazpacho-Shots (Seite 60, doppelte Menge).

DEKO-TIPP:

Edelstahlkerzenleuchter, Organza-Tischläufer, Efeuranken und weiße Rosen.

VARIANTEN:

Im Frühling statt Rote-Bete-Carpaccio einfach Spargel-Brot-Salat (Seite 40) und statt Strudel Mandel-Schoko-Fondue (Seite 124) servieren.

DAS WAR WIRKLICH EINFACH ...

... UND Sooo LECKER.
NOCH EINE PORTION BITTE!

REGISTER VON A–Z

T

W/Y/Z

LEICHTER DURCHS LEBEN
DEIN DIGITALER COACH
FÜR MEHR BALANCE
GU BALANCE
www.gu-balance.de
JETZT 10 TAGE
KOSTENLOS TESTEN
www.gu-balance.de
BESSER ESSEN
MIT SPASS BEWEGEN
ENDLICH ENTSPANNT
FÜR:

IMPRESSUM

© Food and Nude Photography

Der Autor

Martin Kintrup hat seine Lust am Kochen, Essen und Genießen zum Beruf gemacht. Als Autor und Redakteur arbeitet er für mehrere Verlage und hat schon zahlreiche Kochbücher geschrieben. Bei GU besonders erfolgreich sind seine Titel »Vegetarisch für Faule« und (als Co-Autor) »Vegan vom Feinsten«.

Die Fotografin

Coco Lang fotografiert Food und Stills in ihrem Werkstattstudio direkt am Münchner Viktualienmarkt. Mit kreativem Elan geht sie ans Werk und beeindruckt immer wieder mit überraschenden Ideen und feinem Gespür fürs Detail. Für dieses Buch hat sie gemeinsam mit Foodstylist **Sven Dittmann** vegane Leckerbissen ins rechte Licht gerückt.

Bildnachweis
Alle Fotos: **Coco Lang,**
außer Autorenfoto:
Food & Nude Photography

Syndication:
www.jalag-syndication.de

Projektleitung:
Sabine Sälzer
Lektorat, Satz/DTP, Gestaltung:
Redaktionsbüro Christina Kempe, München
Umschlag und Gestaltung:
independent Medien-Design, Horst Moser, München
Fotografie: **Coco Lang**
Foodstyling: **Sven Dittmann**
Fotoassistenz: **Alina Neumeier**
Korrektorat:
Petra Bachmann
Herstellung:
Renate Hutt
Repro:
Longo AG, Bozen
Druck und Bindung:
Printer Trento, Trento

ISBN 978-3-8338-4039-5

5. Auflage 2015

Backofenhinweis
Die Backzeiten können je nach Herd variieren. Die Temperaturangaben beziehen sich auf das Backen im Elektroherd mit Ober- und Unterhitze und können bei Gasherden oder Backen mit Umluft abweichen. Details entnehmen Sie bitte Ihrer Gebrauchsanweisung.

QUALITÄTS G|U GARANTIE

Liebe Leserin, lieber Leser,

haben wir Ihre Erwartungen erfüllt? Sind Sie mit diesem Buch zufrieden? Haben Sie weitere Fragen zu diesem Thema? Wir freuen uns auf Ihre Rückmeldung, auf Lob, Kritik und Anregungen, damit wir für Sie immer besser werden können.

GRÄFE UND UNZER Verlag
Leserservice
Postfach 86 03 13
81630 München
E-Mail:
leserservice@graefe-und-unzer.de

Telefon: 00800 / 72 37 33 33*
Telefax: 00800 / 50 12 05 44*
Mo–Do: 8.00–18.00 Uhr
Fr: 8.00–16.00 Uhr
(gebührenfrei in D, A, CH)*

Ihr GRÄFE UND UNZER Verlag
Der erste Ratgeberverlag – seit 1722.

www.facebook.com/gu.verlag

GRÄFE UND UNZER

Ein Unternehmen der
GANSKE VERLAGSGRUPPE

OBST, GEMÜSE & CO.

- ____ ANANAS
- ____ ÄPFEL (SÄUERLICH)
- ____ AUBERGINEN
- ____ AVOCADOS
- ____ BANANEN
- ____ BEEREN (BROMBEEREN, ERDBEEREN, HEIDELBEEREN, HIMBEEREN)
- ____ BIRNEN
- ____ BROKKOLI
- ____ FENCHEL
- ____ FRÜHLINGSZWIEBELN
- ____ KÜRBIS (HOKKAIDO)
- ____ KARTOFFELN
- ____ KIWIS
- ____ LAUCH
- ____ MANDARINEN
- ____ MANGOS
- ____ MELONEN (CANTALOUP, GALIA)
- ____ MÖHREN (SNACK-MÖHREN)
- ____ PAPRIKASCHOTEN (GELB, ORANGE, ROT)
- ____ PILZE (AUSTERNPILZE, CHAMPIGNONS BRAUN ODER WEISS, KRÄUTERSEITLINGE)
- ____ RADIESCHEN
- ____ SALAT (BLATTSALAT-MIX, FELDSALAT, RADICCHIO, ROMANA-HERZ)
- ____ SALATGURKE
- ____ SPARGEL (GRÜN)
- ____ SPITZKOHL
- ____ SÜSSKARTOFFEL
- ____ TOMATEN (DATTELTOMATEN, KIRSCHTOMATEN, STRAUCHTOMATEN)
- ____ WEINTRAUBEN (BLAU, KERNLOS)
- ____ ZUCCHINI
- ____ ZUCKERSCHOTEN
- ____ ZWIEBELN (GEMÜSEZWIEBEL, ROT)

FRISCHE KRÄUTER & AROMATEN

- ____ BASILIKUM
- ____ GARTENKRESSE
- ____ INGWER
- ____ KERBEL
- ____ KNOBLAUCHZEHEN
- ____ KORIANDERGRÜN
- ____ MINZE
- ____ PETERSILIE
- ____ RUCOLA
- ____ SCHNITTLAUCH

GEWÜRZE, WÜRZPASTEN & CO.

- ____ CAYENNEPFEFFER
- ____ CHILISCHOTEN (GETROCKNET)
- ____ CURRYPASTE (GELB, ROT)
- ____ GARAM MASALA
- ____ INGWERPULVER
- ____ KORIANDER (GEMAHLEN, GETROCKNET)
- ____ KREUZKÜMMEL (GEMAHLEN)
- ____ KÜMMELSAMEN
- ____ KURKUMA (GEMAHLEN)
- ____ MUSKATNUSS (FRISCH GERIEBEN)
- ____ NELKEN
- ____ PAPRIKAPULVER (EDELSÜSS, ROSENSCHARF)
- ____ PFEFFER
- ____ PILZE (GETROCKNET, MISCHPILZE, STEINPILZE)
- ____ ROSMARIN (GEMAHLEN)
- ____ SAFRANFÄDEN
- ____ SALZ (FEIN, GROB, KRÄUTERSALZ, MEERSALZ)
- ____ THYMIAN (GETROCKNET)
- ____ TOMATENMARK
- ____ ZIMTPULVER
- ____ ZITRONENGRASPASTE

KÜHLREGAL

- ____ TEIGE (FILO-/YUFKATEIG, PIZZATEIG, STRUDELTEIG)
- ____ GRILLWÜRSTCHEN (VEGAN)
- ____ KIRSCHGRÜTZE
- ____ KRAUTSALAT
- ____ MARGARINE
- ____ SOJAJOGHURT (VANILLE)
- ____ TOFU (MANDELTOFU, RÄUCHERTOFU)

TIEFKÜHLTRUHE (TK)

- ____ BEEREN (HIMBEEREN, BEERENMISCHUNG)
- ____ BLATTSPINAT
- ____ ERBSEN
- ____ KAISERGEMÜSE
- ____ KRÄUTER (DILL, PETERSILIE, SCHNITTLAUCH; GEMISCHT, ITALIENISCHE MISCHUNG)
- ____ SUPPENGEMÜSE
- ____ ZWIEBEL-DUO

AUS DEM BACKREGAL

- ____ BACKPULVER
- ____ BITTERMANDELAROMA
- ____ BOURBON-VANILLEZUCKER
- ____ MARZIPANROHMASSE
- ____ MEHL (WEIZENMEHL TYPE 405 ODER TYPE 550, DINKELMEHL TYPE 630)
- ____ SPEISESTÄRKE
- ____ TROCKENHEFE
- ____ ZITRONENSCHALE (GERIEBEN)
- ____ ZUCKER (HAUSHALTSZUCKER, PUDERZUCKER, ROHRROHRZUCKER)

NÜSSE, TROCKENFRÜCHTE & CO.

- ____ APFELCHIPS
- ____ CASHEWKERNE (GESALZEN, GERÖSTET)
- ____ CRANBERRYS
- ____ ERDNÜSSE (GESALZEN, GERÖSTET)
- ____ HASELNÜSSE (BLÄTTCHEN, GEMAHLEN)
- ____ KOKOSCHIPS
- ____ KOKOSRASPEL
- ____ KÜRBISKERNE
- ____ LEINSAMEN (GESCHROTET)
- ____ MACADAMIANÜSSE
- ____ MANDELN (BLÄTTCHEN, GEHACKT; GESALZEN UND GERÖSTET)
- ____ NUSSMISCHUNG
- ____ PECANNÜSSE
- ____ PINIENKERNE
- ____ PISTAZIEN (GEHACKT)
- ____ ROSINEN
- ____ SESAMSAMEN
- ____ SONNENBLUMENKERNE
- ____ WALNUSSKERNE

BACKWAREN & CO.

- ____ BRÖTCHEN (BAGUETTE, CIABATTA, KAISERSEMMELN)
- ____ KASTENWEISSBROT
- ____ TOASTBROT
- ____ WAFFELN (MAISWAFFELN, REISWAFFELN)
- ____ WEIZENTORTILLAS (WEICH)

MÜSLI & FLOCKEN

- ____ FRÜHSTÜCKSFLOCKEN
- ____ HAFERFLOCKEN (ZART)
- ____ HIRSEFLOCKEN
- ____ KNUSPERMÜSLI
- ____ MÜSLIMISCHUNG

SÜSSES

- ____ AGAVENDICKSAFT
- ____ AHORNSIRUP
- ____ MUS (ERDNUSS, MANDEL, PFLAUME, SESAM)
- ____ ZARTBITTERSCHOKOLADE (VEGAN, 50–70 % KAKAOANTEIL)

GETRÄNKE, ALKOHOL

- ____ LIMETTENSAFT
- ____ MANGOSAFT
- ____ MINERALWASSER (MIT KOHLENSÄURE)
- ____ ORANGENSAFT
- ____ RUM (BRAUN)
- ____ SANDDORNSAFT
- ____ WEISSWEIN (TROCKEN)
- ____ ZITRONENSAFT

AUS DOSE & GLAS

- ____ ANANASSTÜCKE
- ____ APFELKOMPOTT
- ____ APRIKOSEN
- ____ ARTISCHOCKENHERZEN
- ____ BOHNENKERNE (WEISS, KIDNEYBOHNEN)
- ____ CORNICHONS
- ____ KAPERN
- ____ KICHERERBSEN
- ____ LINSEN
- ____ MAISKÖRNER
- ____ MANDARINEN
- ____ MANGO
- ____ OLIVEN (GRÜN, SCHWARZ, OHNE STEIN)
- ____ PAPRIKASTÜCKE (GEGRILLT, EINGELEGT)
- ____ PREISELBEEREN
- ____ ROTE-BETE-SCHEIBEN
- ____ TOMATEN (STÜCKIG, GETROCKNET IN ÖL)

NUDELN, REIS & CO.

- ____ WEIZENGRIESS (HARTWEIZEN, WEICHWEIZEN)
- ____ INSTANT-POLENTA (MAISGRIESS)
- ____ REIS (5-MINUTEN-MILCHREIS, 10-MINUTEN-LANGKORNREIS, 15-MINUTEN-RISOTTOREIS, BASMATIREIS)
- ____ GRAUPEN
- ____ LINSEN (ROT)
- ____ NUDELN (BREITE BANDNUDELN, FUSSILI, SPAGHETTI, GLASNUDELN, INSTANT-WOKNUDELN)

DIVERSES

- ____ CHILISAUCE (SCHARF)
- ____ ESSIG (ACETO BALSAMICO, BALSAMICO BIANCO, APFELESSIG, KRÄUTERESSIG)
- ____ HAFERMILCH
- ____ KAFFEE (INSTANT)
- ____ KAKAOPULVER
- ____ KOKOSMILCH
- ____ MANGOCHUTNEY
- ____ MANGOFRUCHTSAUCE
- ____ ÖL (KÜRBISKERNÖL, OLIVENÖL, RAPSÖL, WALNUSSÖL)
- ____ REISMILCH
- ____ SEMMELBRÖSEL
- ____ SENF (KÖRNIG, SCHARF, SÜSS)
- ____ SOJAMILCH
- ____ SOJASAHNE
- ____ SOJASAUCE
- ____ TEEBEUTEL (CHAI, PFEFFERMINZE)

Auch zum Download auf
www.gu.de/kochenfuerfaule